JN302324

理科の授業が
楽しくなる本

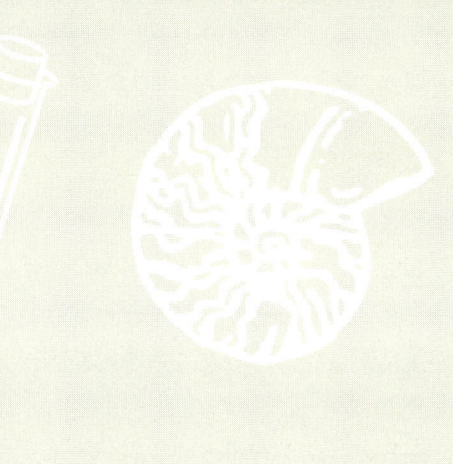

大前 暁政 著

教育出版

まえがき

　理科は，感動を生むことのできる教科である。
　実物に触れることで感動できる。
　実験から新しいことがわかって，感動できる。
　科学は日々進歩しており，教科書には発展学習も入ってくるようになった。
　最先端の科学を紹介するだけで，子どもたちは，理科に興味をもつようになる。「大昔，地球がまるごと全部凍っていたのではないかという仮説があるのです。」などと言うと，どんな子でも興味津々で耳を傾けてくれる。
　理科のおもしろさは，ちょっとしたことでも感じることができる。
　「ホトケノザ，キュウリグサなど，春の野草の名前の由来は？」
　野草の名前は，その植物の形やにおいなどの特徴を示していることがある。調べてみると，今まで気付かなかった身近な植物の特徴に気付くことができる。
　ホトケノザは，葉の形が，仏様が座っているところ（蓮華座）に似ているというので「仏の座」という名前がついた。
　キュウリグサは，葉をすりつぶすとキュウリのにおいがする。
　子どもが気付かないようなところを，教師が気付かせてやると，子どもはとても喜ぶ。「そうだったのか，先生！」と感動する。
　一方で，理科の授業が苦手という若い教師が多くいる。
　2007年から，理科の指導助手が小学校に配置されることとなった。
　独立行政法人科学技術振興機構の調査（2005年度）によると，小学校教員の62％が理科は苦手だということだ。
　例えば，次のような授業が見られる。
　「実験はしない。実物も見せない。教科書を読んで学習は終わり。」

実験の準備や栽培など,いろいろなことが面倒だというわけである。

これでは,子どもに理科の感動を伝えることはできない。

実は,私自身,大学出たての新卒のころは,理科の授業のやり方がわからず,途方に暮れていた経験がある。

新卒時代は,とにかくがむしゃらに理科の実践を続けていた。

授業のやり方もわからず,ネタももっていない私は,同僚に教わったり,先輩の教師にネタを聞きに行ったりして,勉強を続けた。

そして,子どもが熱中した実践を記録に残していった。

大学を出てすぐの1年目。41人学級で,「どの教科が1番好きか」をアンケートしたところ,体育や図工を抜いて理科が第1位になった。子どもが熱中した事実だけを追い,実践を続けてきた成果が出たのだ。

本書には,誰でもできる,理科の授業が楽しくなる手立てを書いた。

理科好きの子どもを育てるための,教師の手立ては,次の2つである。

> 1　おもしろいネタを準備する
> 2　授業のやり方に重点をおく

おもしろいネタを準備し,授業のやり方を工夫していると,子どもが理科を好きになる。

しかも,教師自身,だんだんと理科の授業が楽しくなってくる。

現在,大学では,授業のやり方をほとんど教わらない。

現場に出ても,国語科と算数科の授業時数が多いので,どうしても理科の教材研究は後回しにされることが多い。

楽しい理科の授業をするには,方法がある。

理科の授業を楽しくする方法を知れば,誰でも楽しい理科の授業をすることができる。

実践は全て,子どもが熱中した手応えのあったものだけを編集した。理科の授業をしている教師に少しでも役に立てば,この上ない喜びである。

目　次

まえがき ……………………………………………………… 2

Ⅰ　子どもが理科を好きになる ……………………………… 7

1　観察の方法を工夫するだけで授業が激変する ………… 8
2　授業の組み立てで子どもが熱中する …………………… 21
3　討論で授業が盛り上がる　4年「もののかさと温度」 …… 27
4　授業の最初にインパクトを ……………………………… 34
5　実物に触れるから興味がわく …………………………… 39
6　知的理科クイズで授業に変化を ………………………… 45
7　子どもの認識の誤差から授業は発展する ……………… 49
8　単元の最初からたっぷり実験する ……………………… 54

Ⅱ　理科の授業の基礎技術 …………………………………… 61

1　理科の授業の型を使い分ける …………………………… 62
2　教科書通りの実験の進め方 ……………………………… 68
3　実験ノートは正確かつ美しく …………………………… 72
4　観察記録のとらせ方の原則 ……………………………… 76
5　特別支援教育に対応する ………………………………… 84

Ⅲ　確かな学力を保証する …………………………………… 89

1　知識と実感を結びつける ………………………………… 90
2　学習した知識を出力する場面を設定する ……………… 94
3　ノートまとめは美しく …………………………………… 98

4	技能は繰り返して身に付けさせる	101
5	中学年の理科授業開き「春を見つけよう」	104
6	高学年の理科授業開き	109

Ⅳ 科学的思考力を伸ばす　　115

1	探究型理科授業を提案する　6年「電流のはたらき」	116
2	実験の連続で素朴概念から科学的な知識まで高める 　6年「ものの燃えかたと空気」	129
3	条件の統一ができるまでにも指導がいる	145
4	結果から結論を考察する力を養う	149
5	本当にわかるまで追究させる	152

Ⅴ おもしろエピソードを語る発展学習　　159

1	親指ってすごいな！　拇指対向性から進化を知る	160
2	ピュアウォーターの大切さを知る	165
3	最先端の科学を授業する「脳科学」の授業	170
4	環境問題を授業する「ネットワーク思考」の授業	175

あとがき　　182

I

子どもが理科を好きになる

I 子どもが理科を好きになる

1 観察の方法を工夫するだけで授業が激変する

サークルの新卒教師から,質問が出た。
「観察をしに外に行っても,子どもが遊んでしまうのです。」
「観察のときは,大ざっぱに絵を描く子や,友達とおしゃべりを楽しんだりする子がいて,みんな観察に熱中できないのです。」
ありそうな話である。
教師が観察の方法を指導できないと,遊ぶ子どもも出てくる。
それに,子どもの中には,観察に行っても,対象そのものをきちんと見ていないということがある。
教室で想像して描かせたチューリップと,実際にチューリップを観察させながら描かせた絵が,ほとんど同じなのである。ただ,何となく頭にあるイメージでスケッチをしているのだ。
せっかく実物を観察しても,何となくしか見ることができないようでは,理科の感動は薄い。
どうしたら,子どもが観察に熱中するようになるのか。
私の場合,3つの原則を意識して指導している。

---
① 観察前の動機付け
② 観察の技能を教える
③ 詰めの指導

1　動機付けがあるから，観察に熱中する

（1）予想スケッチ
例えば，高学年に朝顔のめしべとおしべを観察させるとき。
最初から「朝顔をとってきて，観察しなさい。」とは指示しない。
単純作業は子どもが嫌いなものの1つである。
次のようにする。
「朝顔を見たことがある人。」ほとんどの子が手をあげる。
「朝顔を育てたことのある人。」また，多くの子が手をあげる。
低学年のときに朝顔を育てているためである。
すかさず言う。
「これから，朝顔の『花の中』を想像だけで描いてもらいます。」
子どもからは，「ええ～？？」「見たことない。」「忘れた～。」などと声が聞こえる。
「花の中」を，想像だけで描く。
それも，ノート1ページに大きく描かせる。
描けた子からノートを持ってこさせ，板書させる。
できるだけ，違った絵を板書させるとおもしろい。
「あ～残念。この絵は○○ちゃんがすでに持ってきました。」
と教えてあげる。
　もう，この時点で子どもたちは早く観察に行って確かめたいという気持ちになっている。本当はどうなのか，知りたいのである。
　黒板に描かれた『花の中』の絵を見ながら，自分が考えるものに近いのはどれか挙手させる。まだ正解は言わない。
「これから観察に行きます。朝顔の花を1つとってきなさい。」
子どもたちは飛ぶようにして外に駆け出していく。
観察前の「予想スケッチ」が動機付けになったのである。

（2）知的好奇心をくすぐる

他にも，動機付けにはいろいろと方法がある。

「あれっ？　どうなのかな？」と疑問に思わせる方法もよく使う。

例えば，顕微鏡で花粉を観察させるとき。

教科書には，ヘチマなどの花粉の写真が載っている。

写真で花粉の形を確認した後，尋ねる。

「他の花の花粉はみんな教科書の写真と同じ形なのですか。」

子どもたちは，「どうなのかな？」と首を傾げている。

「ヘチマの花が咲いていたので，花粉を観察しましょう。

そのほか，班で1つか2つ好きな花の花粉をとってきなさい。」

このように指示すると，子どもたちは大変喜ぶ。

他の花，しかも自由に自分で選んで調べることができるのである。

動機付けは，いろいろな方法がある。

観察前に，子どもに観察したいと思わせることができるかどうか。

教師の腕の見せ所である。

2　観察の技能を教えることで，観察が楽しくなる

（1）五官を使った観察が基本

2つめの原則は，「観察の技能を教える」である。

観察の技能とは何か。

1つは，五官を使うことである。

ただし，私の場合，「五官を使って観察しましょう。」，といきなり指示することはない。

五官を使って観察している子をほめるのである。

子どもはほめられるから，次は五官を使って観察してやろうと燃えることになる。

以下，私の具体的な指導である。
 4月最初の観察。
「今から春を見つけにいきます。
これは春らしいなあと思うものがあったら，ノートに書いておきます。」
 このように指示をして，とにかく学校の外に出る。
 20分ほどで，校内を一周できる。
 教室に帰って言う。
「これは春らしいなあというものが見つかった人？」
 子どもたちはたくさん見つけることができている。
 何人かに黒板に書かせる。
 さらに書ける人？と聞いていき，子どもが発見したことの大部分を板書させる。
 さて，ここからが，教師の出番である。
 五官という視点で分類できるのは，教師しかいない。
 子どもが発見したことのほとんどは，「見た」ものである。
 しかし，ごくわずか，音やにおい，感触，味のことが書かれてある。
 視覚以外の意見を思いっきりほめるのである。
「Aちゃんは，鳥の鳴き声を聞いて，それが春らしいと思ったんだね。このように耳を使って観察することもできるんだよ。すごいね〜!!」
「耳で聞いた音や鳴き声をノートにメモしている人はいる？ 花丸しておきましょう。」
 これで，次回の観察では，子どもたちは我先にと五官を使って観察することになる。

（2）ルーペの使い方をマスターさせる

 2つめは，虫眼鏡（ルーペ）の使い方である。
 私の場合，次のように指導する。

Ⅰ　子どもが理科を好きになる

絶対の条件は次である。

> 全員に虫眼鏡を持たせる

全員分あってこそ，基礎基本が身に付けられる。
2人で1つだと，どうしても，積極的な子の使う頻度が高くなる。基礎学力を保証しているとは言いがたい。
さらに次の工夫をする。

> ものとの出会いを工夫する

「これは，小さなものが大きく見える魔法の鏡です。」
「みんなは立派な○年生になったのだから，観察のときには，科学者らしく観察してもらいます。」
「細かいところまで観察した観察記録がよいものです。細かいところまで見るために，とってもいい道具があります。虫眼鏡です。」
など，いろいろな言い方があるが，少々もったいつけて渡すようにする。
　小さなことだが，子どもたちは，嬉しい出会いをした道具は大切に使ってくれるものである。
　さて，虫眼鏡には，使い方がある。
「虫眼鏡を目に近づける。見るものを動かして，はっきりするところで止める。」
「動かせないものを見るときは，虫眼鏡を対象に近づけて，はっきり見えるところで止める。」
　ちなみに，ルーペの場合，虫眼鏡と若干使い方が異なる。ルーペは，虫眼鏡と違い，レンズが小さいため，常に目に近づけておく必要がある。そのため，動かせないものを見るときには，自分が対象に近づかなければならない。
　虫眼鏡の使い方を教えるときに，次のことに気を付けている。

1　観察の方法を工夫するだけで授業が激変する

> 虫眼鏡の使い方は，実際に使いながら気付かせる。

教室で言う。
「自分の机から動いてはいけません。いろんなものを虫眼鏡で見てごらん。」
子どもたちは消しゴムを見たり，教室の絵を見たりしている。
机で観察させるのは，太陽を見させないためである。
それに，自分の机で観察すると限定すれば，子どもたちはいろいろと工夫し始める。
「虫眼鏡を使って，気付いたことをノートに書きなさい。」
・大きく見える
・目を虫眼鏡に近づけるといい
・景色が反対に見える
などの意見が出る。
子どもたちは虫眼鏡を使っている間に，大切なことにはだいたい気付いてしまう。
ここまでやって初めて使い方を教える。
実際に使っていないうちから虫眼鏡の使い方を説明しても，子どもたちにはわからない。
実際に使った後で使い方と知識を説明するから，頭にスーッと入ってくるのだ。
　1　太陽は見てはいけないこと
　2　観察の対象を動かせるか，動かせないかで，虫眼鏡の使い方が違ってくること
　3　虫眼鏡で遠くのものを見ると，上下逆に見えるときがある
このように説明する。
後は，外に出てたっぷりと使わせる。

（3）限定して観察する方法を教える

　虫眼鏡をもって，観察に行く。

　外でいろいろなものを観察して，一応虫眼鏡の使い方はマスターできる。

　虫眼鏡の使い方がわかったら，レベルを上げる。

　虫眼鏡は子どもの観察意欲を引き出す，すばらしい道具なのだ。

　観察で，子どもが楽しくないときはどんなときか。

　それは，「とりあえず，ホウセンカをスケッチしておきなさい。」などと言われたときである。

　もちろん，ホウセンカの成長記録は大切だ。

　しかし，これでは虫眼鏡を使わなくても観察できてしまう。

　中には，大ざっぱに観察して済ませている子もいる。

　ただ観察しなさい，ではおもしろくない。

　知的でないから，子どもたちが熱中しない。

　ではどうするか。

　観察するところを限定するのである。

　例えば，

　「ホウセンカをスケッチします。全体を描いて，その後，部分を描いてもらいます。部分は，茎でもいいし，葉でもいいです。自分の好きなところを虫眼鏡で見て，スケッチしなさい。」

と指示する。

　また，

　「今日はホウセンカの葉を観察します。大きく全体を描いた後，葉だけ別に詳しく描いてもらいます。葉にはいろいろと不思議なところがありますから，しっかりスケッチしてください。」

と指示してもよい。

　子どもは，観察場所を限定されると，そこに集中することができる。

そして，観察が終わってからが教師の出番である。
子どものスケッチでよいところを見つけ，ほめるのである。
例えば，葉には毛がある。葉脈がある。
「すごい。よく観察できてる！　葉には脈があるよね。」
こういう細かいところまで観察できているスケッチを見つけ,ほめる。
ほめられると，子どもたちはやる気になる。
友達が見つけていないものを必死に見つけ出そうとする。
かくして，観察が知的になり，熱中することになるのだ。
ある部分を限定して，拡大したものを見るときには，次の道具も有効である。
① 実体顕微鏡
② 拡大スコープ（虫などを入れて観察できるもの）
観察の対象を限定すると，子どもたちは喜んで観察するようになる。

（4）観察の高等技術を教える

理科の基礎基本として，学習指導要領に書かれてある技能がある。
4年生では「関係付ける」，3年生では「比較する」ことである。
比較することも，関係付けることも，6年生まで何度も使う技能である。中学年のうちから，1年間を通して繰り返し指導していきたい。
この技能をどうやって身に付けさせるか。
最初は，観察の視点を教師が教えなくてはならない。
観察の視点は，教師が発問することで，子どもとやりとりしながら，教えていく。
春の様子を観察に行ったとき，観察後，次のように発問する。

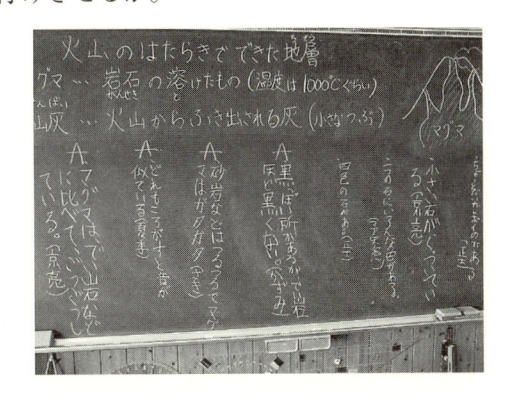

Ⅰ　子どもが理科を好きになる

「冬と比べて，どんな違いがありましたか。(比較)」
「これは春だという証拠はありましたか。(関係付ける)」
「昆虫が多いのは，校庭にどんな植物があったからですか。(関係付ける)」

このように，発問で対象を見る視点を養っていくようにする。

もう１つの指導は，「個別評定」である。

どういう観察がよいのかを明確に示すようにする。

観察をした後に，気付いたことをノートに書かせる。

たくさん書けた子から，黒板に書かせていく。

できない子は，書いた意見を見て参考にできるし，早く書けた子も，他の子の意見を参考にしてさらに別の意見を考えることができる。

ここで，教師による評価を入れる。

そこで私の場合，次のように評価している。

```
詳しく書けている…Ａ
比較している…Ａ
関係付けている…Ａ
仮説をたてている…ＡＡ
```

さらに上記のことが複合されていている場合は，「ＡＡＡ」の評価にもなる。

詳しく書けているとは，例えば五官をフルに使ったり，非常に細かいところまで観察していたときにつける。

仮説というのは，「○○になる理由は，□□だからだと考えられる。」のように，自分の考えを述べている場合である。この意見が多くなると，授業は子供の発想をもとに進めることができるようになる。

観察の技能を教えれば，次回からの観察は，子どもたちのやる気が違う。必死になって観察する姿が見られる。特に，においや音，数などに注目するようになる。さらに，徐々にではあるが，何かと比較したり，

関係付けたりするようになる。

3　あと一歩の詰めの指導

　観察の工夫，最後は「詰めの指導」を行う。
　例えば，「植物は，根，茎，葉からなる」ということを教える場合。
　「本当にそうなの？」と尋ねる。
　子どもたちは口々に言う。
　「そうだよ。」
　そこで，追い討ちをかける。
　「でも，池に浮かんでいる水草は，茎がないみたいだったよ。」
　「学校にある細長い草には，茎がないみたいだったよ。」
　これで，子どもたちは，「あれっ？　どうなのかな？」
　と，もう一度考え直すことになるのである。
　あらかじめ，茎がなさそうな植物など，根と茎と葉の区別があいまいな植物を調べておく。
　できれば，学校に植えてあるものがよい。
　実際にもう一度観察して調べることができる。
　なければ，図鑑で調べる。
　調べてみると，新たなことがわかる。
　根だと思っていたものが，実は茎だったりする。
　子どもたちは，こうした最後の詰めで，正しく知識を学ぶことができるのである。

4　6年理科　土地の様子を観察する

　学級通信から理科の観察の様子を紹介する。

Ⅰ　子どもが理科を好きになる

学級通信「ブレイクスルー」2006年　No.74より

◇理科の楽しいところは，「本物に触れる」ということです。

　実物に触れる体験があるから，感動も生まれます。

　ということで，３学期最初の授業では，野外観察を行いました。

　最初に，教科書で，いろいろな土地の様子の写真を見ました。

　１つは，火山近くの土地の様子。

　もう１つは，流れる水のはたらきでできた土地の様子です。

　簡単に，土地の様子を見て，気付いたことを発表してもらいました。

　子どもたちは，

　「火山近くの土は赤い。」

　「土の色が違って積み重なっているな。」

　「地面の層はまっすぐ続いている。」

などと，特徴に気付いていました。

　それから，「では運動場の土地の様子はどうかな？」ということで見に行きました。

◇運動場のはしっこの地面を掘りました。

　足のひざぐらいまで掘ると，だいたい２層ぐらいに土の様子が分かれます。

　ここの運動場でも，掘ってみると，砂が多いザラザラした土と，粘土のような土に分かれました。

　やはり実物を見ると感動します。

　「おお！　黒っぽいところと，白っぽいところに分かれた！」

　「教科書と同じで，同じ土が続いている！」

　掘った後は，土の色によって，触り心地が違うかどうかを確かめました。

　黒い粘土のような土は，サラサラしていて，粒が細かいことがわかりました。

白っぽい土は，ザラザラしていて，粒が粗いことがわかりました。
　黒っぽい土は，子どもたちが，「まるまった！」と言って，土だんごを作っていたほど，粘土質な土でした。

◇さらに，掘っているときにいくつか石が出てきたので，石も観察しました。
　主に2つの石を観察しました。
　1つは，「泥」がかたまった石。
　もう1つは，「砂」がかたまった石です。
　掘り起こしたときは，ただの石なので，子どもたちも興味がなく，そのあたりに打ち捨てられていました。でも，実は何でもなさそうな石からいろいろなことがわかります。
　石は，形の違いでも2種類に分けることができました。
　丸い石と，角ばっている石です。
　（運動場の土の上にある石は，よそから持ってきた石かもしれないので，除外しました。深いところでとれた石は，もともとこのあたりにあった石かもしれないということで，観察しました。）
　「丸い石は，川の上流でできたのですか？　それとも下流でできたのですか？」
　「下流！」
　「そうです。運動場の100m先は海です。海に近いから丸い石があっても不思議ではありません。」
　「では，角ばった石は，どこでできましたか。」
　「上流！」
　「そうです。ここは山にも近いですね。」
　こんな風に説明しました。
　ハンマーで割って見せると，割れた面はピカピカに光って見えました。石の観察をするときは，必ず割って見るのが鉄則です。

昔に割れた面は，風化しているからです。
 泥が固まった石は，ペリペリとはがれるように割れました。
 「手が切れそう！」「危ない！」などと興奮！
 反対に，砂が固まった石は，とても固く，なかなか割れませんでした。
 でも，割れたら白く輝いてとてもきれいでした。
 割れたところは，ルーペで観察しました。
 石によって，割れたところの粒の大きさが違うなどの特徴に気付くことができました。
 さっきまで何でもなかった石から，いろいろなことがわかるのです。
 楽しく観察できました。

2 授業の組み立てで子どもが熱中する

　授業の組み立てを工夫することで，子どもが授業に熱中するようになる。
　簡単な問題から難しい問題へと進む場合もあるし，子どもが勘違いをしやすい問題を最初に出して，「あれっ？」と思わせる方法もある。
　授業にはいろいろな組み立て方がある。
　子どもが熱中した実践を紹介する。

1　簡単な問題からだんだんと発展させていく

　4年生「電気のはたらき」の学習を終えた子どもたちに，次の問題を出した。
　「明かりはつくかな？」
　子どもたちは口々に言う。「つくよ！」
　教師が実験して，つくことを確認する。
　「では，豆電球を反対にします。明かりはつくかな？」
　子どもたちはつかないと言う。実験で確かめる。明かりはつかない。
　「乾電池を3つにします。明かりはつくかな。」
　子どもたちはつくと答える。
　「2個のときと比べてどうなるかな。」

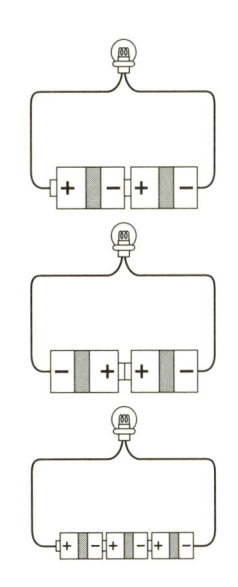

「明るくつく。」これも実験で確かめる。

豆電球は，2個のときと比べて明るくつく。

そしていよいよ最終的な問題である。

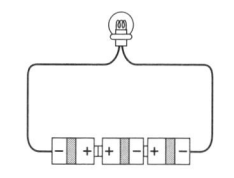

「では，3つのうち一つを反対向きにします。明かりはつきますか。」

予想をノートに書かせる。

つく，暗くつく，つかないなどの意見が出る。

理由も言わせると盛り上がる。

授業で，電気のはたらきを学習した後なので，いろいろな理由を子どもたちが考えることができるからである。

答えは，「暗くつく」である。

向き合った乾電池同士の電流が相殺されて，残った1つ分の電力で明かりがつくのである。

簡単な問題から順に考えていき，最後に難問を出すやり方である。

最後の問題を提示したときに，急に子どもたちの目が輝く。

(参考文献：『理科授業に使える面白クイズ』後藤道夫著，明治図書)

2　最後に意外な結末を用意する

3年「明かりをつけよう」を学習した後なら，何年生でもできる知的な授業である。

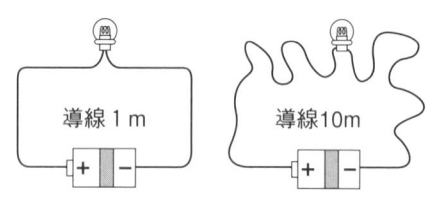

最初に，30cmぐらいの短い導線で，豆電球の明かりがつくかを確かめる。

「導線の長さを長くします。1mです。明かりはつきますか。」

ほとんどの子が1mでも「明かりがつく」と予想した。

結果は，「明かりはつく」である。

さらに問う。「導線の長さをもっと長くします。10mです。明かりは

つきますか。」
　半分ほどの子が，つかないと答えた。導線の長さを変えただけで，多くの子が豆電球の明かりがつかないと答えたのには驚いた。
　導線をクラス全員で持って，実験を行った。
　豆電球の明かりがついた瞬間，歓声が上がった。
　いよいよ最終問題である。
　「2つの水道に導線をつけると，豆電球の明かりはつくか？」
　これも，「つく・つかない」で半々に分かれた。
　結果は，「つく」である。
　水道管が中でつながっているので，電流が流れるというわけである。
　豆電球の明かりは細々とつく。
　明かりがついた瞬間，全員が驚きの声をあげた。
　条件として，水道管がつながっている水道同士に導線をつけなくてはならない。予備実験をして，あらかじめ明かりがつくかどうかを確かめておく必要がある。

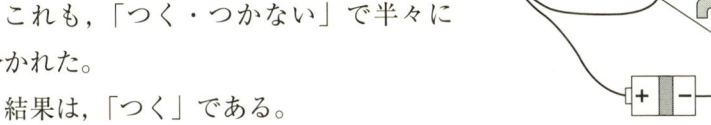

3　最初に疑問をもたせて，追究していく

　5年「植物の発芽と成長」の導入である。インゲン豆の種を配り，指示する。
　「インゲン豆の種です。とってもかたいです。皮をむいて，種の中を見てごらん。」
　かたいので，なかなか皮がむけない。むけても，中まで見ることができない。かたくて割れないのである。
　「歯でかんでもいいですよ。」
　この一言で，やんちゃな子が，真っ先にかみ始める。

ようやく種が割れて、中を見ることができた。

種がかたいことを身をもって体験して、その後で、課題を提示する。

「かたい種から、芽が出てきます。種から芽が出るときに必要だと思うものをノートに書きなさい。」

こうして、こんなにかたい種からどうやったら芽が出てくるのかと疑問をもち、追究していくようになる。

最初の疑問から、自然に課題に進むことができた。

4　伏線を利用する

３年生の「明かりをつけよう」での実践である。

アルミ缶は電気を通すかを尋ねる。

子どもたちは、電気を通すと答える。特に教科書をあらかじめ見ている子や、塾で学習している子は自信満々である。

「実際に確かめてごらん。」と言って、実験をさせる。

ところが、実際に導線の間にアルミ缶をはさんでみると、電気は流れない。子どもたちは意外な結果に、困っている。

原因は、塗料が塗ってあるからである。

そこで、やすりを使って、塗料をはがしてみる。

すると、電球の明かりはつく。電気は流れたのだ。

次に、折り紙の銀紙と金紙で、電気は流れるかを調べる。

紙に電流が流れるわけがないと、何人かは考えている。

先に、銀紙で確かめる。

すると、電流は流れる。銀色のところは、金属なのである。

次に、「金紙は、電流は流れるか」を尋ねる。

ほとんどの子が、流れると考える。

ところが、銀紙は流れて、金紙は流れない。

しつこく実験をしているうちに、金紙の半分は電気が流れるようにな

る。ところが，残りの半数の子の金紙は電流が流れない。どういうことかと，教室は大騒ぎである。

「半分の子の金紙にしか，電流は流れない。」これを，どう考えたらいいのか。

子どもたちはいろいろな意見を出す。

実は，金紙とは，銀紙に金の塗料が塗ってあるものなのである。塗料で絶縁されて，電流が流れなかったのである。金紙によって電流が流れることもあったのは，触っているうちに塗料がはがれたためなのである。

つまり，アルミ缶に電流が流れなかった原理とまったく同じなわけである。

この場合，アルミ缶を使った実験が，伏線になっている。

金属でも，流れないものは塗料が塗ってあるからだということが，いろいろな事例を通してわかるのだ。

アルミ缶と同じだねと言うと，「なるほど！」と感動の声があがる。

5　2つの異なる現象を提示する

4年理科「水のあたたまりかたのきまり」の学習。
1時間で2回の実験を行った。
「今から，試験管に入った水を下のほうだけ温めます。水はどこまで温まるでしょうか？？」と発問した。
下から温めているので，一番下は温まりそうだなということはわかる。一番上まで温まるかどうかが問題となる。

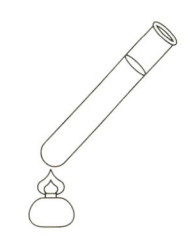

ちなみに，金属の温まり方はすでに勉強していて，金属の場合，端を温めるとだんだんと熱が伝わっていって，全体が温まることを学んでいる。

子どもから，「何分温めるの？？」と質問が出たので，「いい質問です。」

と言ってから，1分間だけ温めることを伝えた。

　予想を次の中から選んだ。

① 一番下だけあたたまる

② 全体があたたまる（多数）

③ ほとんど全体があたたまるけど，一番上はあたたまらない（多数）

④ その他

　正解を確かめるために，私が実験をした。1分間温めて，触れるぐらいにまでちょっと待ってから，みんなで試験管を触れて確かめた。

　正解は…，②「全体があたたまる」である。

　次に，「今度は上の方だけ温めるとどうなるかな？」と尋ねた。

　また，予想を選ばせた。

① 一番上だけあたたまる

② 全体があたたまる（多数）

③ ほとんど全体があたたまるけど，一番下はあたたまらない

④ その他

　これも私が実験して見せた。さて，結果は…。

①「一番上だけあたたまる」である。「え〜!?」と子どもたち。

　2つの実験のうち1つ目は，おおよそ子どもの予想通りの結果が出た。しかし，2つ目の実験は予想と反する結果が出るというわけである。

　2回目の実験で，「あれっ??　どうしてかな…」と思うことから始まって，水の温まり方を考えていく。

　予想が当たるかどうかはあまり重要ではない。

　どうして，そのような結果になったのか。どうしてほとんどの人が不正解というような，不思議な結果になったのかを考えることが大切だ。

　「水はどのように温まると言えますか？　自分なりの説を考えてください。」

　このように言って，水の温まり方の決まりを考えてもらった。

3 討論で授業が盛り上がる　4年「もののかさと温度」

1　討論で熱中する授業になる

　子どもが熱中して教科書の実験に取り組むようにするためには、どうするか。

> 討論の授業を行う。

　自分の意見を言い合い、考えを深めていく討論の授業こそ、子どもが最も熱中する理科の授業の形態である。
　ただし、討論を行うには、次の活動が必要になる。

> 内部情報を蓄積する。

　①「内部情報を蓄積」させた後、②「討論」を行うのである。
　「内部情報を蓄積」とは、体験や実験をして、そのものの情報を集めることである。
　あるものや現象に対して、ある程度の知識があるから、討論が生まれるのである。
　例えば、「磁石を割るとどうなるか？」を考える。
　一度も磁石を使ったことがなく、磁石の性質をまったく知らない状態で、この問題を考えさせると、子どもが好き勝手に言い合って終わってしまう。

何も情報をもっていないまま，自分の考えを言い合うだけなら，当てずっぽうになってしまうのである。

内部情報を蓄積するためには，最初にたっぷりとものに触れさせたり，繰り返し実験をしたりする活動を取り入れる。

2　導入はシンプルかつインパクトのある実験を

たっぷりと実験をさせることで，内部情報を増やす。

ただし，同じ実験を何度もさせるのではなく，少し変化を加えて，多様な体験をさせるようにする。変化があると，子どもは喜んで実験をすることができる。

導入はシンプルかつ，インパクトのある実験にする。

4年「もののかさと温度」の導入場面。

最初にペットボトルの口にシャボン玉をつけ，教師がシャボン玉をふくらませる。

子どもたちは口々に言う。

「先生が，ペットボトルを手でにぎったから，空気がペットボトルの口から出て，シャボン玉がふくらんだ！」

「そうかな？」と言いながら，今度はビンを取り出す。

「これならペットボトルのように，へこまないから，無理かな？」

子どもたちは口々に言う。「絶対無理だよ！」

ところが，簡単にシャボン玉はふくらむ。

ビンの中の空気を，手で温めてふくらませたからである。

子どもたちは一様に驚く。最初の実験がそのまま動機付けになっているのだ。

「やりたーい！」の声が理科室に響く。

3　多様な実験で内部情報を増やす

いろいろな大きさ・形のビンと試験管，フラスコを用意する。

> 机の上にあるビンや試験管を使って，シャボン玉をふくらませてごらん。

子どもたちはいろいろなビンを使って，次々とシャボン玉をふくらませていく。

ビンの口にシャボン液をつけ，手でビンを温めると，シャボン玉がふくらむ。

「おもしろーい。」「すごーい！」と子どもたちは驚く。

いろいろなビンを用意しているので，ビンを変えながら，何度も実験できる。

そのうち，

「大きなビンと小さなビンではふくらみ方が違うぞ。」

「みんなで協力すれば，速くふくらむぞ。」

などという声が聞こえてくる。

まさに，内部情報が蓄積されてきた証拠である。

4　内部情報の蓄積、あと一歩の詰め

さらに，変化をつけて，実験を行う。

① 大きなフラスコを使う。みんなの手でいっせいに温める。すると，大きくシャボン玉がふくらむ。

② 熱いお湯でぬらした雑巾でフラスコを温める。シャボン玉はみるみるうちにふくらんで，大きな円をえがく。感動の声が上がる。

ちょっと変化させただけなのだが，子どもたちは理科の不思議にふれ，

感動の声をあげる。

そして,「どうしてシャボン玉はふくらんだのか？」「何がシャボン玉をふくらませたのか？」という疑問が生まれ始める。

5　討論で子どもの考えを確認する

「空気を温めると起こる現象」についての内部情報が蓄積されたら,いよいよ討論を行う。

問題となるのは,「どうしてシャボン玉はふくらんだのか？」ということである。

> シャボン玉を押したのは何ですか？

すぐに,『温められた空気』という意見が出る。

> 温められた空気がどうなったから，シャボン玉は大きくなったのですか。

3つの考えが出た。
① 空気が上にいったから
② 空気がふくらんだから
③ 空気が（流れ込んで）増えたから

討論を進めていく中で,③の意見はおかしいということになった。シャボン液で密閉されているのに,ビンの中に空気が入り込んだのはおかしいという意見が出たためである。また,空気が増えるということはおかしいということになったためである。

①と②の意見にしぼられたので,次のように指示した。

> 温められた空気がどのようにシャボン玉を押したのですか？
> 絵に描いてください。

3　討論で授業が盛り上がる　4年「もののかさと温度」

説明よりも,考えを絵にした方が一発でわかる。絵は黒板に描かせる。
　討論をしていく中で,①と②の意見はさらに次の4つの意見に分かれていった。

【3・4年生複式学級における仮説】
説① 空気がふくらんだ
説② 空気が上に上がった
説③ 空気が上に上がり,その後空気がふくらんだ
説④ 空気が上下にぐるぐるまわっていた

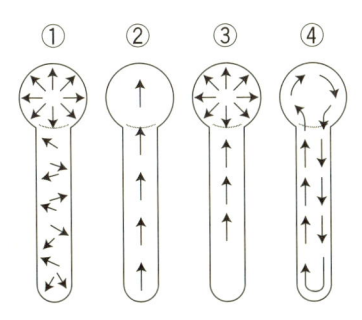

　空気がふくらむと考えた子は,ぐるぐるまわったりするだけでは,シャボン玉はふくらまないのではないかと反論していた。
　一方,空気がまわっているからふくらむと考えた子は,密閉されているのに,空気がふくらむのはおかしいと反論していた。
　黒板に絵が描かれてあるので,子どもが意見を言いやすいし,聴いている方もよくわかる。討論は白熱した。

6　「教師実験」で決着をつける

　内部情報の蓄積と,討論が終わったら,確かめの実験を行う。
　子どもたちは,「早く実験で確かめたい！」と興奮ぎみである。
　このときは,教師実験で白黒をはっきり示した。
　全部で3つの実験を行った。
　最初は,「フラスコをさかさにして温めると,シャボン玉はふくらむか？」という実験である。
　もしも,空気が上にのぼるのなら,シャボン玉はフラスコの『内側に』できる。ところが,シャボン玉はフラスコの『外側に』できる。これで,温めると空気が上にいくという意見はぐっと減る。

Ⅰ　子どもが理科を好きになる

　次は筒を寝かせて温めるとどうなるか，という実験である。
　「空気が上下にまわっている」という意見は依然なくなっていない。そこで，両側に口のついた筒を用意し，温める実験を行う。
　筒の両側にシャボン液をつける。そして，ねかせて，湯につけたタオルで温める。もしも，空気が上にいったり下にいったりするだけなら，シャボン玉はふくらまないはずである。ところが，結果は両側にふくらむ。
　最後に，ビニール袋を熱湯につけて，ふくらませる実験を行う。ビニール袋に空気を8割ほど入れ，口を閉じる。しわがビニール袋に入っていた方が変化が見やすい。熱湯につけると，ビニール袋は，上でも下でもなく，ゆっくりと全体がふくらむ。
　これで，温められた空気はふくらむということが実験でわかる。

7　「教科書実験」で結論を導く

　討論を決着させる実験は，子どもが熱中する。
　この後に行った教科書の実験も，本当に空気がふくらんだのかを確かめながら集中して行うことができた。
　教科書どおりの実験をするときは，いつも子どもと一緒に教科書を読むようにしている。
　一通り読んだ後，子どもに大切なことや注意点を聞く。
　そのやりとりが終わってから，今度はノートに実験のやり方を書いていく。
　実験の方法を書いた後，実験の道具を考える。
　何がいるのか，使うものを全部ノートに書かせる。
　私は，ノートを見て，書いてあるものだけを貸す。すると，
　「あー，『お湯』って書いてなかった〜。」
　「カップが1つじゃたりな〜い！」

3 討論で授業が盛り上がる 4年「もののかさと温度」

などと，実験をしていく中で，足りないものが見えてくる。

次から気をつけようとするのである。

書いていなかった道具を，またノートに書いて借りにくる。

教科書の実験を行うのだが，少し変化を加える。

それは，ジャンボ装置を使うということである。

教科書では，小さな試験管と短いガラス管を使う。そして，ガラス管の中に色水の液を入れ，その液が試験管の空気の膨張で，上に上がるというものである。

それを，大きなフラスコと長いガラス管で実験を行う。

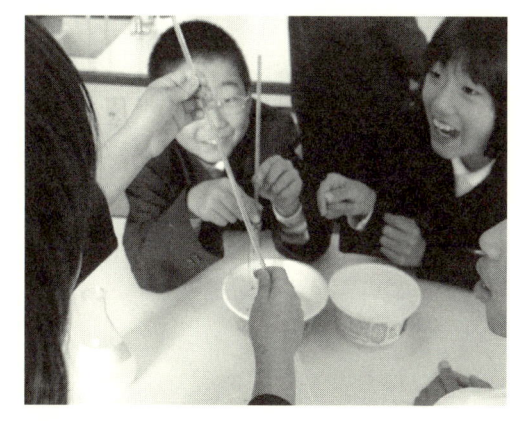

名付けて，「ジャンボ実験装置」である。

フラスコを温めると，ガラス管内の色水が上に一気に上がる。

子どもたちから，「うおー。」「ええ〜!?」などの感動の声が上がるほどである。

温めた空気はかさが増えることを，目で体感することができる。

教科書の実験も，少しの工夫で感動が大きくなる。

討論を中心とした授業で，さらに少し授業に変化をつけることで，子どもは理科の授業に熱中するのである。

Ⅰ　子どもが理科を好きになる

④ 授業の最初にインパクトを

1　一瞬で子どもの心をつかむ導入

　授業の導入で子どもの心を一気につかむ。
　休み時間気分の子どもが，授業に集中していく。
　授業の最初に，静かにしなさいとお説教をする必要はまったくない。自然と教室は授業に集中していく。
　どんな荒れた学級でも，授業の導入で子どもの心をつかむと，子どもはみんな授業に集中してくれた。
　授業の最初に力を入れることは，どの教科でも大切なことである。
　特に，理科は，導入にインパクトのある実験や資料の提示ができる教科である。
　「え，こんなことがどうして起きるの？？」
　「調べてみたい。」
と思わせるようなことを導入で扱う。
　理科の授業の導入に力を入れるようになると，だんだんと子どもは理科の授業を楽しみにするようになる。

2　オススメ理科授業の導入例

　導入にインパクトを与える方法はいろいろある。

派手な実験をすることもあれば，驚きの資料を提示することもある。また，静かに黒板に絵を描くこともある。

成功した導入例を紹介していく。

（1）大気圧の存在を実験で知らせる

5年，台風の被害を学習する場面である。

台風は気圧が低く，周りの風が台風の目に向かって急激に流れ込んでいることを教える。

最初に，台風の被害を尋ねた。

次に，気圧のことを説明した。気圧とは，気体の圧力のことで，実は，今もみんなの周りには気圧が働いているのだと説明した。

そして，実験である。

コップを水で満たし，コップの口に紙をのせる。

そして，逆さにすると，不思議なことに紙がコップの口にはりついて，水はこぼれない。

これは，水と紙の間に表面張力がはたらき，しかも周りの気圧が紙を押しているので，水がこぼれないのである。

アルミ缶つぶしの実験をすることもある。空き缶に水を入れて，熱し，中の水が沸騰したところで，水をはったボールに缶を逆さに沈める。

すると，大きな音とともに，アルミ缶がつぶれる。インパクトのある導入になる。

（2）いきなり発問する

6年「人とかんきょう」の導入場面である。

まず人に必要なものを考えた。

「今から宇宙の別の星に行くとします。1か月生活するとして，何を持っていきますか。ノートに書きます。ただし，3つまでです。」

「えー!?　3つまで??」

宇宙服や，家などの意見が出た。宇宙服がないと，寒くて困るというわけである。

「もうこれだけはないと困る」というものに絞っていくと，「水，空気，食料（動物・植物）」の3つに絞られた。

これから，順に，この3つと人との関わりを調べていくと説明した。

（3）間違った絵を黒板に描く

3年「日なたと日かげを比べよう」で，太陽の動きを，影の動きと関連させて理解させる学習がある。

導入場面，いきなり板書する。

「A君がいます。影ができています。A君が手を上げました。影はどうなりますか。」

子どもたちは，影もA君の動きに合わせて動くと言う。

その通りだねとほめながら，次の絵を書く。

「A君が体の向きを変えました。影はどの向きになりますか。」

図で選ばせる。

① 影の向きは変わらない
② 少し反対側に影が動く
③ 反対側に影が動く

子どもたちが口々に言う。

「先生，おかしいよ。」「影は反対にはならないんじゃない？」

しかし，半分ほどの子どもは，何がおかしいのかわからない。

どこがおかしいのかを聞くと，子どもたちが前に出てきて説明を始める。

「影は，反対側にはならないんじゃないかな。」

「でも，人が動くと，影も動くよ。」

かくして，運動場に出て確かめようということになる。

子どもたちは，我先にと運動場へ飛び出していく。

（4）子どもの実験から導入する

6年，地震の発展学習である。「地震対策のメカニズム」について学習した。

授業の目標は，「ものには揺れやすい振動数が決まっていることに気付き，地震対策について知る」，である。

最初に，次のように発問した。

「振り子です（糸の長さの違う3つの振り子を提示する）。ゆらしたらどうなるかな？」

「全部ゆれる」という意見が多く出た。教師が実験して見せた。

真ん中の振り子だけ大きくゆらした。子どもたちからは，「えー，何でー！？」という声があがった。

「みんなも，1つだけをゆらすことができるか，やってごらん。」

最初はうまくいかない。

そこで，ヒントを出す。

「速く動かすと，短い振り子だけがゆれます。ゆっくり動かすと，長い振り子だけがゆれます。ものには，ゆれやすい『ゆれ方』があるのです。ゆれやすいゆれ方と，みんなのゆれ方がピッタリ合うと，それだけすごくゆれるのです。」

ゆれやすいゆれ方にピッタリ合うと，よくゆれるのである。

「もう一度，やってごらん。」

子どもがもう一度実験をしたくなっている。説明の後なので，今度は実験して成功する子が多くいた。

この後，タコマ橋が少しの風によって崩れる様子を映像で流し，地震対策の原理について説明した。

（5）インパクトのある映像から導入する

　理科の発展で扱った「生命進化」の授業である。
　「スノーボール・アース仮説」を扱った。
　「スノーボール・アース仮説」とは，今から6億年前に，地球史上最大の氷河時代が到来し，地球全体が凍りついたとする仮説のことである。
　授業の開始，いきなり次のように言う。
　「今から信じられない映像が映ります。生命が大絶滅したときの映像です。」
　子どもたちから，「何，何。」という声があがった。そこですかさず，地球凍結の動画を提示した。
　子どもたちから，「おおー。」とか「えー。すごい。」などの声が上がって，どの子もスクリーンにくぎ付けであった。動画の間に説明をしていく。
　「突然地球が寒くなり，厚い氷に覆われました。氷の厚さは1000 m。マイナス50℃の世界です。」
　そして，すぐに作業指示を入れた。
　「もし今，こんなことになったら，どのようにして生き延びますか。生き延びる方法をできるだけたくさんノートに書きなさい。」
　3つ書けた子から板書をさせた。
　映像で引きつけた後の作業指示。これで授業に集中させていくことができた。この後で，当時の生物がどのようにして生き延びたのかを紹介した。

5 実物に触れるから興味がわく

1 理科の授業の基本は実物を用意することだ

　理科の授業では，実物を用意する。
　実物に触れたり見たりすることで，今までにまったく興味のなかったものに興味がわくようになる。
　例えば，6年「土地のようす」で，土地をつくっている石を観察する場面。教科書の写真で終わらせてはいけない。
　実物の石に触れさせることで，石の重さがわかったり，鉱物がキラキラ輝く様子をつかんだりすることができるのである。
　運動場や校庭にも，石がある。探してみると，いろいろな種類の石が見つかる。
　「3種類の石を見つけてごらん。」と指示するだけで，子どもたちは喜んで石を探し始める。
　石を見て，わかるものは教師が教えればいいし，どの種類の石かわからなくても，図鑑やインターネットで調べられる。
　実物を見ると，それまで石にまったく興味のなかった子が，次の日に石をもってきたり，家で探してきたりしているのである。
　化石も実物を用意する。
　私が住む岡山県では，県の中部に貝の化石が多く出土する。
　私の場合，多少ずうずうしく，庭石に化石の入った石があったので，

Ⅰ　子どもが理科を好きになる

　その家の人にお願いをしてみると,「いらない石だから持って帰っていいよ。」と言われて手に入れたことがある。

　「これから化石を探します。」と言うと, 子どもたちは大喜びである。

　釘を石の割れ目に差し込み, ハンマーで軽くたたく。

　すると, 石の割れやすい面に沿って, 簡単に割れる。割れるというより, はがれるという感覚である。

　はがれた破片を見ると, 貝の形が現れることがある。

　実物の化石を発掘したということ, しかも, 今から１億年以上も前に生きていた化石である。

　発見と同時に,「すごい！」と声が上がる。

　また, いろいろな石を観察しようということで, 鉄鉱石を用意したこともある。鉄が含まれているので, かなり重い。同じくらいの大きさの石と比べながら, 鉄鉱石を子どもに持たせてみると,「すごく重い！」と感動していた。磁石を近づけると, 磁石が引きつけられることがわかる。強力な磁石（ネオジム磁石）だと持ち上げることもできる。

　お土産で, 石は安く売っていることがあるので, 機会があったら手に入れるようにしている。

　実物を用意することが理科では大切である。

2　3年「チョウをそだてよう」で感動の瞬間を

チョウを育てるときに，必ずしていることがある。
それは，1人に最低1つはチョウの卵を用意することである。
チョウの卵を，40人クラスで100個以上用意したこともある。
チョウの卵を100個得ようとしたら，なかなか大変である。
次の方法を使っている。
1つは，キャベツ畑を学校につくっておくことである。4月が始まったらすぐに用意する。
もう1つは，チョウに卵を産ませる方法である。これが1番簡単で，すぐにたくさんの卵を手に入れることができる。
子どもたちに宿題で，白いチョウを捕まえてくるように言う。
モンシロチョウの成虫を，5匹ほど捕まえる。せまい虫かごに，捕まえてきたチョウを入れると，交尾をすませているメスは，羽を広げておしりを上げるというポーズをとる。交尾を終えたメスがいたら，暗いところに虫かごごと移し，1日経ってから急に明るいところに虫かごを移す。すると卵を産み始める。チョウは晴れた日に卵を産むという習性があるからである。
こうして，子どもたちはイチゴのパックなどに，チョウの卵を入れ，育てていくことになる。
実物に触れていると，予想もしていないことが次々と起こる。
例えば，卵から出てきたばかりの幼虫は，黄色っぽい色をしている。しかも，自分が出てきた卵の殻を食べ始める。子どもたちは驚きの声を上げる。
そして，キャベツを食べて大きくなると，だんだんと緑色になるのである。
さらに，とんでもないことも起こる。青虫がイチゴのパックから脱走

して，教室の黒板の上でさなぎになっていたこともあった。

　育てていると，いろいろなことが起こり，その都度勉強になる。

　以下，子どもたちの驚きの場面である。

　①「卵から育ててきた青虫が，うごかなくなったー！」

　②「青虫が，卵になったー！」

　③「青虫が，小さいまま，さなぎになったー。」

　④「小さな，ハチみたいなのがとんでるー。しかもたくさん！　先生，何これ？」

　これらの体験も，実際にチョウを育ててみないとできないことである。すべての理由が私にはわかったが，なかなか答えを言わなかった。

　先生が答えを言ってくれない方が，子どもは理科の現象に対して，何とかして調べてこようとするからだ。その調べる過程が，理科の本当のおもしろいところなのである。

　観察する，本で調べる，人に聞く，何でもいい。自分で調べるように言った。

　子どもたちは，調べた。

　① は，「さなぎ」になったからである。

　② は，アオムシコマユバチという「ハチ」が，青虫に卵を産みつけ，その幼虫が，体の中から出てきて，さなぎになったのである。

　③ 青虫だと思っていたのが，青虫ではなくて，「コナガ」という「蛾」の幼虫だった。

　④ 「小バエ」が発生していた。

　卵から育てているので，最初虫嫌いだった子どもたちも，だんだんと青虫に愛着がわいてくるようになる。名前を付けたり，オスかメスかを

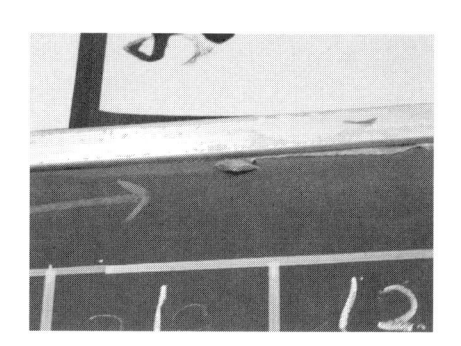

5 実物に触れるから興味がわく

聞いてきたりするようになる。
「今日の理科は青虫の観察です。」「やったー！」
「先生，私の青虫見に来てー！」
「先生，俺の青虫，キャベツばっかり食べて元気良すぎるよ。」
子どもたちの観察メモである。

・青虫は足が 16 本で，長さが 3 cm 5 mm です。かわいいです。
・最初足は三角のだけだと思ったら丸いのも足で 14 本だと思ったら 16 本だった。
・長くて大きくなった。うんちもいっぱいしている。早く，さなぎになってほしいなー。
・さなぎの下半分が動いていた！　私はさなぎが動けるなんて知りませんでした。
・さなぎの色が黄緑から茶色に変わって動かなくなった。

足の数や長さまで，詳しく観察していることがわかる。
うんちも，キャベツを食べているのだから，そんなに汚くはない。
こまめに，下にひいている脱脂綿を替えているので，くさいにおいもしない。
早く成長してほしい，始めと比べてずいぶん大きくなったなど，それぞれに何かを感じ，思っているようである。
子どもの中には，自分でチョウの幼虫を捕まえてきたり，アゲハチョウなどの大きなチョウの幼虫を育てたりする子が出てくる。
そして，ついにチョウが生ま

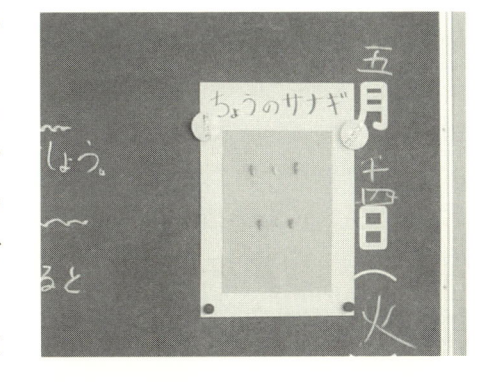

43

Ⅰ　子どもが理科を好きになる

れるという瞬間は，感動である。

　教室中大騒ぎになる。

　さなぎは，糸が切れて，キャベツの葉から落ちることがあるので，そういう場合は木工用ボンドで，画用紙にはりつける。はりつけておいた方が，地面の上よりも，出てきやすいからである。

　自分ががんばって育てた幼虫が，成虫になるということに，本当に子どもたちは心から感動している。

　休み時間に生まれた時には，外で遊んでいた子どもたちも大急ぎで戻って来た。「見せて見せて。」の大合唱。ひしめき合って見ようとする子どもたち。チョウが生まれた瞬間は先ほどの声がウソのように静まり返り，みんな「シーン……。」

　実物に触れることが感動を生むのである。

6 知的理科クイズで授業に変化を

1 学習経験が生かせるから知的になる

　理科にはおもしろ実験やおもしろ問題がたくさんある。
　例えば、「体重計に乗っていて，片足を上げると体重は変わるか」という問題。子どもたちの考えは分かれる。それなりにおもしろい授業になる。しかし，1回限りで終わってしまうとせっかくのネタが生かしきれないことになる。単なるクイズで終わってしまうからである。
　せっかくおもしろネタがあるなら，授業の流れの中で，扱いたい。
　例えば，体重計の問題では，てこの原理を学習した後，
　「体重計に乗った人が，てこを使ってものを持ち上げる。支点からの距離が違った場合，重さは変わるか？」という問題を出す。
　すると，今までの学習の流れから，考えを進めることができる。
　知的な理科クイズになる条件は，次である。

> 実験結果を予想するときに，今までの学習経験が生かせること

　突然理科クイズを出すのではなく，今までの学習を生かして解くことができるようなときに，問題を出すようにする。
　さらに，次のようなクイズがよい。

> 意外な結果になること

I 子どもが理科を好きになる

子どもたちの学習経験を生かしながら，結果を予想し，しかも予想とは違った結果になったとき，知的なクイズになるのである。

知的な理科クイズを出すと，活発な討論が起きる。今までの学習経験を生かしながら，子どもなりに結果を予想できるからである。

参観日に授業を行うと，保護者も一緒に考えて，盛り上がる。

2　てこの学習を終えた後の理科クイズ

5年「てこのはたらき」を終えてから，理科クイズを出す。

ただし，しっかりと学習経験を積んでいることが大切である。今までの学習と無関係のただのクイズに終わると，結果を予想することができないし，討論にもならない。

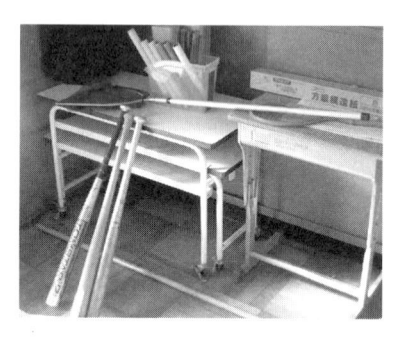

先行学習として，子どもたちに，左右のバランスが悪いものを家から持ちこまれ，ひもでつるして水平にするという実験を行った。

教室に，大根やバット，魚を捕る網など，様々な物がもちこまれた。左右のバランスが悪いものでも，ひもの位置を調節すると，水平にできることを学習した。

十分に体験させてから，発展問題を行う。

1問目。「大根を釣り合いの位置で半分に切ります。左右の重さを量るとどちらが重いでしょうか。」

① 同じ
② 大根のしっぽの方（細長い方）
③ 大根の首の方（太くて短い方）
④ その他

答えは，③の大根の首の方である。釣り合っていたのは，左右の大根

の重さではなく,「支点からの距離×重さ」という力の大きさである。支点からの距離が短い方が重いことになる。

(参考文献:『もっと子どもにウケる科学手品77』後藤道夫著,講談社)

3　磁石のおもしろクイズ

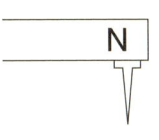

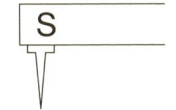

3年生,磁石の学習を終えて,問題を出す。
「N極にくぎがついた磁石と,S極にくぎがついた磁石があります。両方の磁石を近づけると,くぎはどうなるでしょうか。」
① そのまま
② 片方のくぎが落ちる
③ 両方のくぎが落ちる
④ くぎ同士がくっつく

正解は,③である。磁石同士がくっつくことで,1本の長い磁石になる。磁石の真ん中の磁力は弱いので,くぎは落ちてしまう。

さらに超難問を出す。
「磁石を図のように棒にさしこみます。磁石何個分の重さになるでしょうか。」 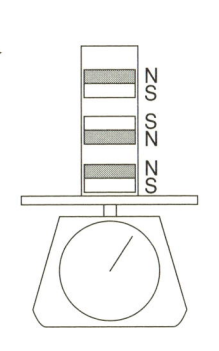
① 浮いていても,3個分
② 2個浮いて,1個分
③ 少し軽くなって,2個分
④ その他

正解は①の3個分である。

磁力が反発しあって浮いているが,互いの磁石の磁力は打ち消し合っているので,結局磁石の重さが残るというわけである。

(参考文献:『理科授業に使える面白クイズ』後藤道夫著,明治図書)

4　5年「おもりのはたらき」で結果を予想する

当てるおもりをいろいろと変えた場合,どうなるか。結果を予想して,実験で確かめる。

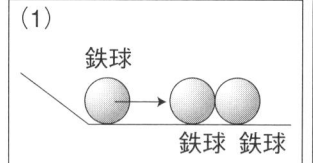

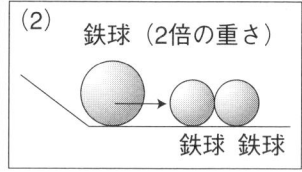

(1) 鉄球 → 鉄球 鉄球

(2) 鉄球（2倍の重さ）→ 鉄球 鉄球

「この後どうなりますか。予想して図を描きなさい。理由も書きます。」
このように言って,授業を進めた。

予想した後,どうしてそう考えたのか,理由を発表させた。

これも,問題を出す前に学習経験を積んでいないと,理由が書けない。

子どもの意見を聞いた後,確かめの実験を行う。

確かめの実験は教師が行う。教師がやるからこそ,子どもたちは納得する。結果が楽しみで,子どもたちはワクワクしながら実験を見つめる。

理科を楽しんでいる瞬間である。

7 子どもの認識の誤差から授業は発展する

1 子どもの思考をつかむ

　子どもは，自分なりにいろいろと考えをめぐらしている。
　子どもの考えを授業に取り入れて，検討すると授業が発展することがある。
　ヘチマの観察をしているとき。
　秋になって，茶色く枯れたヘチマを見て，子どもがつぶやく。
　「なぜ，枯れたのだろう…。」
　教室に帰って，尋ねる。
　「ヘチマが枯れたのを見て，気付いたことや思ったことを書いてごらん。」
　子どもはいろいろと考えをめぐらしたことをノートに書き込む。
　その中で面白い意見を見た。
　「ヘチマが夏と違って枯れたのは，人間と同じで夏に汗をたくさんかいて，秋になったら，水分を使い果たして，それで枯れた。」
　この子の考えは，間違いである。しかし，考えてみると，「人間と比べている」という視点はとても大切なことだ。
　3年生の実験の技能に，「比較する」がある。
　共通点や相違点を探すことはとても大切なことだ。
　また，夏のころと，秋から冬にかけての枯れたヘチマを比べている。

ヘチマに水分がなくなっていることに気付いているのだ。つまり，枯れてしまうとつるで地面とつながっているように見えるが，水を吸い上げてはいないことがわかったのである。

　子どもの中には次のような意見もあった。

　「夏は元気に育っていたけど，秋になると元気を使い果たして枯れたのだと思う。」

　これも面白い考え方である。

　しかも，あながち間違っていない。

　ヘチマは，種子をつくるときに，エネルギー（養分）を使って，そして枯れていくからである。

　養分を使わないと種子はつくりようがない。

　この場合，最初の子には，「比較する」という考え方をほめる。

　すると，次回の観察では，他の植物と比べて観察記録を書く子や，季節による違いを書く子を増やすことができる。

　2人目の子には，元気を使い果たしたというのは，とってもいい考え方だとほめる。

　そして，発問によって授業を広げることができる。

　「他の植物も全部，秋になると枯れるのかな？」

　「種をつくるときは枯れたけど，花をつくるときも枯れるのかな？」

　「セミなどの昆虫は，子どもを生むと死んでしまうのかな？」

　子どものふとした考えから，授業が発展していく例である。

　子どもの考えを授業に取り入れるためには，子どもをよく見なければならない。

　簡単なようで，今子どもが何を考えているのかをつかむのは，難しい。よほど決意をもって子どもを見ようと努力する教師だけが，子どもの認識をつかむことができる。

　さらに，教材研究も必須である。

　教材研究をして，しかも子どもを見ることができる教師だけが，子ど

もの考え方を中心にして授業を創ることができるように思う。
　子どもの思考をつかむ方法として，子どもの認識の誤差を問う方法がある。

2　子どもの認識のあいまいさを問う

　子どもの認識には，誤差がある。
　同じものを見ても，それぞれがとらえているものは異なることがある。
　例えば，ありを観察させる。
　十分にありと遊び，ありを観察させた後に，ありの絵を描かせてみる。
　すると，それぞれの子どもがまったく違うありの絵を描く。
　同じものを見ているにも関わらず，細かいところが異なるのである。
　もちろん，遊ぶのに夢中で，よく観察できていない場合もある。
　漠然と観察していて，細かいところまで見えていない場合もある。
　重要なのは，

> 子どもの認識の誤差を取り上げ，客観的に見てどれが正しいのかを考えさせること

である。
　子どもが少し間違った認識をしていたり，勘違いをしていたら，チャンスである。
　授業が発展する可能性が十分にある。

3　電磁石の授業で認識の誤差を問う

　6年「電流のはたらき」の学習をほぼ終えた段階で，次の問題を出した。
　「直径の大きなコイル（直径5cm）の中にくぎを入れると，くぎは磁

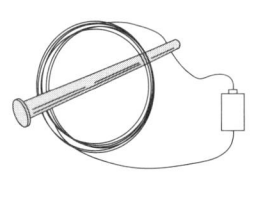

Ⅰ　子どもが理科を好きになる

石になりますか。」

予想した後，実験で確かめた。

結果は，中のくぎは磁石になるである。

結果をどうとらえるのか。子供のイメージをノートに描かせた。

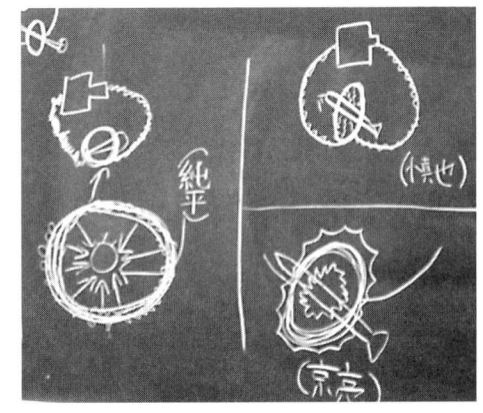

「直径の大きなコイル（直径5cm）の中にくぎを入れると磁石になりました。どのような働きがあったのかは，目に見えません。目に見えませんが，みんなの頭の中には今まで勉強したことから考えて，何らかのイメージがあるはずです。どのようにくぎが磁石になったのか，自分の頭の中のイメージを絵にして，ノートに描きなさい。」

ノートに描かせた後，早く書けた子から，板書させた。

おもしろいことに，同じ実験結果でも，人によって解釈が異なるのである。

3つに意見に分かれた。

① 導線から磁石のパワーが出て，それがくぎを磁石にした。
② 導線に流れている電流が，離れているくぎに飛んで移り，くぎに電流が流れた結果，磁石になった。
③ 電流は離れているくぎには飛ばないが，静電気が飛んでくぎに移り，磁石になった。

驚くべきことに，電流がくぎに流れていると考えている子が多くいることがわかった。導線と鉄心が離れているのだから，電流が流れるはずはない。

しかし，子どもの中では，ひょっとして電流がくぎに飛び移ったので

はないかと考えているのである。

　討論をさせてみると，この場合は導線がくぎに触れていないのだから，くぎに電流が流れるという意見はおかしいということになった。

　静電気の意見も，「もし，電流の流れているところの近くの鉄に静電気が移って磁石になるなら，そこら中の家具が磁石になるはずで，おかしい。」などの意見が出てつぶされた。

　これでも，納得できていない顔をしている子がいたので，念のために確かめの実験をした。

　まず，鉄心のくぎにまめ電球をつないで，まめ電球の明かりがつかないことから，鉄心に電流は流れていないことを確かめた。

　さらに，ネオジム磁石（最強の磁力をもつ磁石）から少し離れたところに，鉄を置いた。しばらくして，その鉄をクリップに近づけてみると，クリップが鉄についた。

　つまり，はなれたところにある鉄を，磁石は磁化することができるのを実験して見せたのである。これで，直径の大きなコイルの中の鉄が磁石になることとの共通部分が理解できたようだった。

　すなわち，磁力をもつものが直接触れていなくても，近くにあるだけで，鉄は磁石になるということが，わかったのである。電流が鉄心に流れなくても，磁力をもつ導線が近くにあるだけで，鉄心が磁化されたことをイメージできたのだ。

　子どもには，子どもの考え方があり，思考の順序がある。

　「イメージを絵にしなさい。」と言って，黒板に描くことで，今現在の子どもの理解の程度を確認できる。子どもの思考に沿うから，授業は面白くなり，しかも次の活動へと発展するのである。

8 単元の最初からたっぷり実験する

1　最初からたっぷりと実験させる

　単元の最初から，たっぷりと実験をさせる。
　子どもたちは，いろいろなことを発見する。
　ときには，教科書に書かれてあること以上のものを発見することもある。ただし，好き勝手に実験をさせることはしない。
　好き勝手に実験をさせると，やんちゃな子は遊んでしまうし，何をしているのかわからないような実験では，子どもは楽しくない。
　必ず，目的のある実験にする。
　できれば，確かめてみたいなと思わせてから実験を行う。
　完全に自由に実験させるのではなく，ある程度，限定して，目的をもって実験するというイメージである。
　単元の最初から，たっぷりと実験させるのには意味がある。
　1つは，体験させることで，体験不足を補うためである。
　子どもによって，生活体験は異なる。まめ電球や磁石のことをよく知っている子もいれば，初めて使ったという子もいる。たっぷりと実験をさせることで，どの子にもある程度の経験を積ませるのである。
　もう1つは，疑問を見つけることができるからである。
　あれこれと実験をしているうちに，わからないことが出てくる。
　その疑問をクラスの全員が課題として，考えることができるのである。

子どものわかったことに違いが生じれば，討論を行う。討論を通して，どの結論が客観的に考えて適切かを導くわけである。

2　5年「もののとけかた」の展開

「とける」とは何かを学ぶ。しかし，子どもによってものをとかした経験は様々である。
　当然，学習に先立つ経験や知識の量が異なる。
　導入にものをとかす実験を取り入れ，体験の蓄積をねらった。
　最初に次のように問う。

> **とけるといえば，どんなものがとけますか。**

砂糖，氷，塩…，など意見がたくさん出た。
　「とける」といっても，子どもによって考えているものが違うのである。

> **これらは，2つのグループに分けられます。**

子どもたちはしばらく考えていたが，やがて「あっ，そうか。」と，書き始めた。
　さらに尋ねた。

> **2つに分けた，とけるのイメージはどうですか。**

【とける1】…砂糖，塩など
　（細かくなる，消える，一時的に消える，とかすもの，水にとける）
【とける2】…ドライアイス，氷など
　（水になる，自然にとける，自分自身がとける，日光でとける）
辞書には次のように書いていた。
① 水などの溶液に混ざって，均一になること。

② 固体が液体になること。

ここで全員が，とけるには2つの意味があるのだということを理解できた。ここまできて，次のように聞いた。

| どんなものでも水にとかせますか。 |

とけないものもあるのではないかと子どもたちは考えていた。

中には，無理やりとかそうとすれば，とけると意気込んでいる子もいた。

「入浴剤（2種類），砂糖，塩，みそ，小麦粉，片栗粉」などを用意した。

| 実験を始めます。1回に1種類だけとかすようにしなさい。 |

まず，1回に1種類だけとかすように限定し，後で，混ぜてもよいこととした。

実験結果は，実験中に書かせるようにした。これをしておかないと，子どもたちは発表することができないし，実験が終わってからメモをとらせると時間がかかり過ぎてしまうからである。

実験の後，子どもから出た意見は次のようなものが多かった。

- ・入浴剤はお湯だととけるのに，水だととけにくい。
- ・みそは，しばらくして下にたまったのでとけていない。
- ・とけて色がつくものとつかないものとがある。
- ・入浴剤は固まって，カチカチになった。
- ・砂糖や塩はとけやすい。

ここで注目したいのは，ものによっては水にとけにくいものがあると

いうこと以外にも，いろいろと気付いているということである。入浴剤がゼラチン状になっていることや，温度によってとけやすさが違うことにも気付いている。

授業の終わりに，次のように言った。

> 本当にとけるというのは，実は，1週間ぐらいほうっておいても，下にたまらない，透明な液体ということなのです。今日とかしたもので，本当にとけているのか実験します。

「とける」の定義は難しいが，一応，時間が経っても下にたまらず，均一に水の中にあることとした。ただし，厳密には，溶質がかなり小さくなること，などのようにいろいろな定義がある。

①下にたまる，②下にたまらない，の2つに意見を分けた。

しばらくほうっておくと，下にたまっているものと，下にたまっていないものに見事に分かれていた。

この後，水に溶ける量は決まっていることや，溶かした食塩の量だけ重さが増えることを学習した。

とけるということに対して，情報が蓄積されたら，最後に討論を行うと盛り上がる。

例えば，「食塩を限界まで溶かした水に，砂糖は溶けるか？」というような問題である。

今まで体験したことや学んだことを生かしながら，白熱した討論を行うことができる。

3　5年「てこのはたらき」の展開

5年理科「てこ」の学習で，子どもにつかませたいことは，「支点からの距離で重さが変わる」である。

てこがつりあうきまり『おもりの数×支点からの距離＝おもりの数×

支点からの距離』を，実験によって気付かせ，その後，教師が説明し，理解させる。

　最初，てんびんと2個のおもりだけを使ってつり合わせる実験を行った。

　2個だと簡単にできる。真ん中から同じ距離につり合わせればよい。

　少し難しいのが次である。

> では，3つはつり合うかな。

　この発問で，教室が熱気に包まれる。

　しばらくして，「できた！」と声が聞こえる。

　この実験でよいことは，つり合うときに，結果が異なることである。真ん中からの距離が異なっていてもつり合っているてんびんを見て，子どもが「何で？」と考えている。

　実験をしながら，法則を考えているのである。

　次におもりを3個，4個と増やしていき，最後におもりを5個にした。いきなり最初からおもりを何個でも使ってよいことにしたら，実験内容が広がりすぎて，子どもの興味がなくなってしまう。

　最後は，5個に挑戦である。ここは，子どもの様々な工夫が出た。

　当然，いろいろな距離にいろいろと下げるため，内容は高度になる。

　しかし，様々に実験して，つり合うところを見つけたときの驚きは大きいと考えた。まさに，この喜びこそが理科の面白さにつながっていく。

　使えるおもりが限定されているときの方が，子どもたちはつり合うための様々な方法を考えようと必死になっていた。例えば，図のように，おもりをつなげて真ん中につけても，つり合うのである。

　できるだけ多様な発見をさせるため，小さな発見でも認めていった。

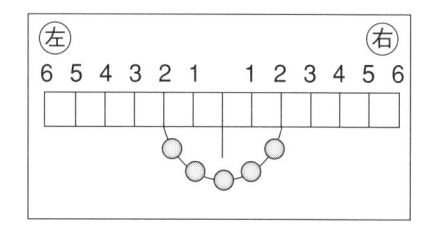

5個までの実験を終えた後，気付いたことを発表してもらった。

その中で，面白い発見があった。

それは，図のように，吊り下げた場合，つり合うかつり合わないかである。

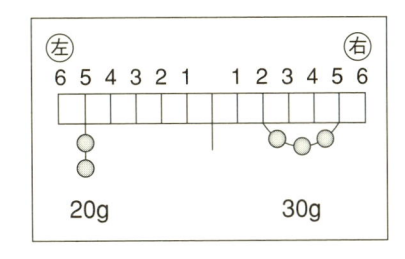

```
 ㊧                           ㊨
 6 5 4 3 2 1   1 2 3 4 5 6
┌─┬─┬─┬─┬─┬─┬─┬─┬─┬─┬─┬─┐
│ │ │ │ │ │ │ │ │ │ │ │ │
└─┴─┴─┴─┴─┴─┴─┴─┴─┴─┴─┴─┘
     ○               ○ ○ ○
     ○
    20g              30g
```

子どもたちは意見を交換し，この難問に挑戦した。

実物を見ると，つり合っているように見えた。

しかし，計算してみるとどうもつり合わないのである。支点がずれていると主張する人とつり合うと主張する人との発表があり，結局，支点がずれていて，計算すると右のほうが少し重い，ということで落ち着いた。

2時間続きの授業で，「てこがつりあうきまり」の他に，このような教科書を越える内容にまで踏み込んだ楽しい実験ができたのである。

II 理科の授業の基礎技術

Ⅱ 理科の授業の基礎技術

1　理科の授業の型を使い分ける

　理科の授業を何年も続けていると，自然といくつかの型が生まれてくる。教えることが中心の授業もあるし，考えさせることが中心の授業もある。
　例えば，「電気のはたらき」でコイルを学習するが，子どもが自然とコイルという概念に気付いたり，コイルを考え出したりすることは難しい。コイルという概念は，教師が教えればいいのである。その上で，コイルを使っていろいろと実験をさせてみて，コイルの性質に気付かせたり，コイルの巻数と磁力の関係などを考えさせたりすればよいのである。
　つまり，教えたり，考えさせたりすることは，どちらも行っているのである。どちらかといえば，教えることが中心となる授業もあるし，考えさせたり，気付かせたりするという活動が中心となる授業もあるのだ。
　どんな授業の型があるのか，私が行っている理科の授業の型を紹介する。
　いろいろな授業の型を知っていれば，理科の授業は進めやすい。
　クラスの実態や，子どもの熱中度など，状況に応じて，どの型を選ぶのかを判断すればよいと思う。

1　教科書通りの理科授業

　教科書の実験・観察通りに進める理科学習である。
　問題解決に適さない単元は，教科書通りに進めることにしている。

例えば，6年「植物のからだのはたらき」などの単元である。日光に当てると植物はでんぷんをつくるかを調べるのだが，あれこれと予想をするよりも，教科書通りに進めた方がすっきりする。
　ただし，動機付けなどは工夫する。
　例えば，次のように授業を展開した。
　導入で，日光に当てて育てたインゲン豆と数日間日光に当てないで育てたインゲン豆を観察し，その違いをつかむ活動を行った。また，教師が演示実験を行い，ヨウ素液で，葉にでんぷんが含まれているかどうかを確かめた。
　その結果，子どもたちは次のような疑問をもつことができた。
・「どうして日光が当たらない植物は，あまり成長しないのか」
・「どうして日光の当たっている方の葉は，緑色で，日光の当たっていない葉は，黄色なのか」
・「どうして，日光の当たっている方だけにでんぷんができるのか」
日光を当てたインゲン豆の葉にはでんぷんがある。
日光に当たっていないインゲン豆の葉にはでんぷんがない。
　このことから，「日光が当たると，植物に栄養（でんぷん）がつくられるかどうかを調べる」という課題をもたせ，実験によって検証することができた。
　実験方法は，教科書を見て，教科書通りに行った。葉にでんぷんがあるかどうかを調べる「アルコール脱色法」と「たたき染め法」などの実験方法は，自分で考える性質のものではないので，教科書通り進めた。

2　習得型の理科授業

　基本的な技能を習得させるときの授業である。
　例えば，マッチを満足にすれない子がいる。
　同じ子がいつもマッチをすってしまい，ほとんど経験したことのない

子もいる。

　同様に，アルコールランプに火がつけられない，虫眼鏡を使いこなせない，顕微鏡の使い方がわからないなど，基本的な技能が身に付いていないことがある。

　基本的な技能は，繰り返し練習をさせなくては身に付かない。

　やり方も，教師が教えなくてはならない。

　教師主導の授業である。

　マッチのすり方も，しつこく教える。最後には，テストをするようにしている。マッチをするときの付け方が正しく，その後，10秒程度持ち続ける。そうすれば合格である。

　ヨウ素液の使い方も教える。

　ヨウ素液をシャーレに入れ，「この液はデンプンという栄養が含まれているかどうかを調べることができます。」と説明する。

　「食パンを入れてみましょう。」と言って，ヨウ素液につけさせる。

　するとあっという間に，食パンは青紫色に変化する。

　「このようにでんぷんが含まれていると，黒っぽい色になります。黒っぽいんだけど，鉛筆の芯と比べると少し青いのです。青紫色と言います。」

　「ほんとだ。黒よりも少し薄い。」と子どもたちは納得する。

　では，ジャガイモを入れてみます。ジャガイモにはデンプンはあるでしょうか。

　予想を聞き，入れてみる。入れてすぐには色が変わらない。

　子どもたちは，「あれっ，デンプンがないみたい。」と反応する。

　「すぐに色が変わらないこともあるのです。5分ぐらい待ちましょう。」

　しばらくすると，色が変化する。

　含まれるデンプンの量やものによっては，ヨウ素液の反応に時間がかかることを教える。

1　理科の授業の型を使い分ける

　おまけで，ノートの切れ端もヨウ素液に入れる。少し色が変わる。
　ノートには，デンプン糊がつけられていることを説明する。
　そして，いよいよ最後に，インゲン豆の種にデンプンがあるかを調べる。
　植える前のインゲン豆の種と，植えて成長した後のしわしわの種の２種類を確かめる。
　どちらも，ヨウ素液にひたして５分ほどは色が変わらない。
　しかし，先ほどの実験で，反応に時間がかかることを知った子どもたちはじっと待っている。
　５分ほどで，違いが分かる。植える前のインゲン豆の方がほんの少し色が濃い。植えた後のしわしわの種は，ほんの少し着色されただけである。あまり色の濃さに差はないが，子どもたちは，少しの差を見て取ることができるようになっている。
　何度も繰り返し実験を行ったので，ヨウ素液の使い方を習得することができたのである。
　習得させたい技能は，教師主導でどんどん教えていけばよいと思う。

3　最初にたっぷりと実験する理科授業

　単元の最初に，たっぷりと実験を行う授業展開である。
　完全に自由に実験させるのではなく，実験方法を限定したり，実験に使うものを限定したりする。実験方法を教師が指定することもある。
　また，実験のときには，目的意識や課題をもたせることが多い。
　いろいろと実験をする中で，子どもたちは何かを発見したり，疑問をもったりする。
　実験の後は，気付いたことを発表させる。
　子どもによって意見の食い違いがあれば，討論になる。討論の後に，検証のための実験を行って確かめる。

疑問は全体の課題として、実験によって確かめる。

実験方法は、教師が教えることもあるし、子どもが考えた方法で確かめることもある。

理科の授業内容によっては、最初から実験をするには、向いていない単元もある。4年「月と星」や3年「植物のそだちかた」などは、観察中心であり、自由に実験しにくい面があるからだ。

単元の最初に実験を導入できる単元の条件として、次の2つのパターンが考えられる。

① たくさんのものが準備できる
② ものが少なくても、多様な実験方法を試すことができる

これらの条件を考えると、次の単元で行うことができた。

> 3年理科「じしゃく」「あかりをつけよう」
> 　　　　「光をあててしらべよう」
> 4年理科「電気のはたらき」「もののあたたまり方と体積」
> 5年理科「てこ」「もののとけかた」
> 6年理科「ものの燃え方と空気」「電流のはたらき」

4 探究型の理科授業

資料の読み取りや、多様な実験をする中で、子どもに疑問をもたせる。子どもの疑問を出発点として、実験によって確かめる授業である。

疑問を解決するための方法は、子どもが考える。

疑問を子どもが見つけ、しかも検証のための実験方法を子どもが考え出すという点で、まさに探究活動ということができる。

疑問は、1人で10個以上出ることが多い。教室全体ではかなりの数にのぼる。疑問を全て解決するには到底時間がないので、似たような疑問は一緒にまとめて、分類をする。

いくつかに分類した疑問のカテゴリーから，代表的な疑問を選び，1つ1つ解決していくという流れになる。

実験だけでなく，インターネットや観察を自分で行って，調べるという方法をとることもある。

詳しくは，Ⅳの1「電流のはたらき」に実践を示している。

5　問題解決的な理科授業

ある課題を教師が提示し，それを今までの学習経験をもとに解決していくという授業である。

6年「水よう液の性質とはたらき」などの単元で行う。

問題解決型の授業では，次の授業の展開をする。

> 教えて考えさせる

考える足場がないのに，最初から考えさせると，当てずっぽうのクイズに終わってしまうことになる。

学習内容をきちんと習得した上で，学習した知識を使いながら問題解決を行うようにする。

6年「水よう液の性質とはたらき」の単元では，学習の最後に，次のことができるようになることを目指す。

> 未知の水溶液を全て判定することができる

塩酸，炭酸水，食塩水，石灰水，アンモニア水，水の6種類の水溶液を用意する。それぞれの水溶液を試験管に入れ，A～Fと名前を書き，判定していく。今までの知識を総動員させて実験を行い，だんだんと水溶液が判明していくのが子どもにとっておもしろいと感じるところである。

しかも，思考力を伸ばすことにもなる。

Ⅱ 理科の授業の基礎技術

2 教科書通りの実験の進め方

1 教科書通りは結構難しい

教科書通りの実験をする場合，必要なのは次である。

> ① 実験の手順がわかる
> ② 実験の準備物がわかる

手順も準備物も，教科書に書いてある。

教科書を見て，実験を進めなさいと指示してしまえばよいような気がしてしまう。

しかし，教科書を読んですぐに実験ができるというのは，かなり優秀な子である。

例えば，アルコールランプを使う実験。準備物にアルコールランプと書かれていても，マッチや水，燃えかす入れなどは準備物として書かれていない。

例えば，酸素をつくる実験の場合。教科書には，「フラスコに少量の二酸化マンガンを入れ，右のような装置を組み立てる」となっている。

右の図とは，酸素を発生させる装置のことである。ざっと考えただけでも，フラスコ，ろうと，ピンチコック，ゴム管など，たくさんの準備物が必要である。

具体的に，「二酸化マンガンをどれだけ入れるのか？」，「右の図をど

うやって組み立てればいいのか？」「何が必要なのか？」を教科書だけでイメージするのは，難しい。

　一度もやったことのない実験を，頭の中だけで準備物や手順を考えて行うことは，難しいことなのである。

　そこで，次のステップを踏む。

> ① 演示実験→教科書音読→準備物を確認
> ② 教科書音読→準備物を半分ほど確認
> ③ 教科書を見る→準備物を考えさせる

　ステップ①で演示実験を行うのは，実験の細かい準備物や実験方法がイメージしやすいからである。

　百聞は一見にしかずで，一度演示実験を行えば，どの子も実験のイメージをもつことができる。

　また，演示実験をした後に教科書を音読するようになってから，徐々に教科書の実験図だけで準備物が分かるようになってきた。

　音読は，子どもに読ませる場合もあるし，教師が読んでいるのを聞かせるときもある。クラスの実態によって，変えていけばよい。

　特別支援を要する子を担任しているときには，教師が一文を読んで，その後，子どもたちに一文を読ませるという，追い読みをさせていた。

　実験を演示し，教科書を追い読みさせて，ようやく教科書に書かれてある内容を理解させることができた。

　①から②へのステップは，特別支援を要する子にとっては，大きなジャンプになることがある。私の場合，①と②の間に，「途中まで実験をして見せて，そこから教科書の音読に入る」という活動を入れることもあった。

　クラスの実態に合わせてステップを細分化してほしい。

Ⅱ 理科の授業の基礎技術

2 実験道具を子どもが進んで準備する方法

　実験の手順と準備物がわかったら,次は子どもに実験の準備をさせる。
　よく教師が全部準備物を用意してしまって,教師用机に全部置いてある授業を見るが,これでは,教師の労力が大きく,しかも子どものためになっていない。
　実験の準備と片付けは,責任をもって子どもにさせるようにしたい。
　子どもが進んで実験の準備をするようになるための第一歩は,理科室を使いやすく設計することである。
　使いやすいとは,次のことが明らかになっていることである。

> ・実験道具がどこにあるかわかる
> ・子どもだけで準備してよいのか,教師が準備するものなのかの区別がついている

　引出しには道具の写真と名前を貼る。こうすると,3年生でもすぐに探すことができる。
　また,子どもだけで用意してもよい実験道具と,教師だけが用意してもよい実験道具に分けておく。
　「こちらの部屋にある道具は,先生の許可がなければさわってはいけません。中には,危険な薬品や,火事になるような道具があるからです。ただし今みんながいる部屋の方の実験道具は,みんなだけで準備できます。」
　実験道具の場所がわかり,自分で用意できるものとそうでないものが

区別できているからこそ,子どもは進んで準備物を用意できるのである。
　また,準備物は,「ノートに書いた準備物だけを貸す」ようにする。
　このシステムにすると,子どもたちは必死になって教科書を読み,準備物を考えるようになる。
　ノートは,班の全員に持ってこさせる。準備物が最も少ないノートを見て,そこに書かれてある準備物だけを貸すようにする。
　そうなると,班の中で遊んでいる子が,次はきちんとしようと意識を変えるようになる。しばらくすると,班の力を合わせて,実験の準備物を考えようとする状態が生まれる。
　班の子どもたちが知恵をしぼって考えるので,だんだんと実験道具を正確に考えることができるようになったのである。
　２学期になると,３年生でも,自分たちだけで実験の準備を進んで行えるようになった。

3 実験ノートは正確かつ美しく

 実験ノート指導で大切なのは,最初にきっちりと指導するということである。
 最初の指導がきちんとしていたら,1年間ずっと続くシステムとなるからだ。
 実験ノートのポイントは次である。

> 毎回同じフォーマットを指定する

 同じフォーマットにすると,後からノートを見直したとき,見やすさがまったく違ったものになっている。
 それに,ノートをとるのに時間がかからない。慣れてくると,こちらがいちいち言わなくても,ノートを書くことができるようになる。そのため,実験の時間を多くとることができる。
 以下,最初の実験でどのようなノート指導を行っているかを紹介する。

1 理科実験ノート最初の指導

 私は,ノート指導の最初に,見本を見せることにしている。
 実物を見せることで,ノート作りのイメージをもたせるためだ。
 見本は,教師が書いたものでもよいし,今までに子どもが書いたもので丁寧なものを選んで見せてもよい。ただ,一度は見本を自分で作ってみることが大切である。

3 実験ノートは正確かつ美しく

実際にノートを作ることによって，教師自身も，ノート作りのイメージができるからである。

線は定規で引く，実験図は大まかにわかりやすく描く，1マスに1文字を大きく書くなどの，大切な基本的要素を全て見本にこめることが重要である。

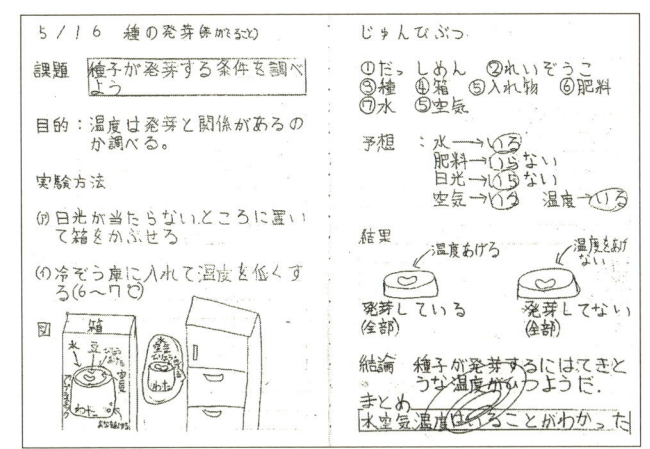

よい見本を見せることで，子どもに「こんなふうに美しいノートにしたい。」という気持ちが生まれるのである。

ノートには，次のことを書かせる。

```
① 日付け，単元名
② 課題（目的）
③ 実験方法（実験の図も）
④ 準備物
⑤ 結果の予想
⑥ 結果
⑦ 結論
```

実験の内容によっては，気付いたことや感想を書かせることもある。

実験方法は，教科書を参考にする場合もあるし，自分で考えて書く場合もあるが，子どもが難しいと感じていたら，最初は教師が実験方法を板書するとよい。教師が丁寧に板書することで，できない子もイメージできるからである。

Ⅱ 理科の授業の基礎技術

はやく書けた子には，実験図を細かいところまで描かせたり，色を塗らせたりして時間調整をする。

このとき注意したいのが，結論は，左ページの課題に正対して書かせるようにすることである。

市販のテストでも問題に正対した答えが求められる。

ノート作りの段階から，課題と結論が結びつくようにしたいものである。

結果には，実験の結果のみを書かせる。例えば，「ヨウ素液をつけたら青紫色になった」というように書かせる。

結論は，結果とは書き方が違ってくる。例えば，「日光に当たった葉だけが青紫色になったのは，デンプンをつくるには日光が必要ということである。」というように，結果から考えられることを書かせる。

2 理科実験ノート指導・細かな技術

基本形を教えたら，次のことが重要になってくる。

細かくチェックすること

学年にもよるが，例えば，課題を書いたらチェックを入れる，実験方法を書いたらチェックを入れるという具合に，細かく見ていく。

「合格。」，「不合格。」と言うだけでよい。

最初は合格の基準をゆるめない。

最初に細かくチェックを入れるのは，やり直しが苦痛ではないからである。これを逆にして，全て書き終わってからやり直しを命じると，苦痛に感じさせてしまう。

準備物は，教科書の写真や説明を参考にしながら，実験に必要となるものを箇条書きにしていく。

教科書に書かれていない実験物も多い。

3 実験ノートは正確かつ美しく

次のように指示をする。

> 準備物は，ノートに書いてあるものしか貸しません。

そうすることで，実験についてしっかりと考えるようになるし，教科書を隅々まで見ようとするからである。

ノートに書きながら，実験の手順を頭で何度もシュミレーションすることになる。どんな道具をどういう順番で使うかが，だんだんとはっきりしてくる。

ただし，班で相談してもよいことにする。これで，準備物がわからない子も，周りと相談することで，ノートに書くことができる。

ノートを持ってこさせるときに大切なことがある。

それは，班の全員に持ってこさせるということである。1人でもいい加減に書いていたら，書いていないものは貸し与えない。

準備物が足りないときには，ゆさぶりをかける。

> あとから貸してくださいと言っても貸しませんよ。大丈夫です

こう言われると，班の中でもう一度準備物をチェックし合うようになる。

実験が終わったら，結果をノートにまとめさせる。

授業の最後は，実験道具の片付けや，机の周りの掃除，イスの整頓など，全て終わった班からノートを持ってこさせる。

このとき，重要なシステムが次である。

> 1人ひとりのノートをチェックしていく

ノートは1人ずつチェックしていく。いい加減に書いていると，やり直しになる。適当に書いていたやんちゃな子は，教室に戻れなくなってしまう。一度指導しておくと，次からきちんとしてくる。

4 観察記録のとらせ方の原則

どのような観察記録が望ましいのだろうか。
私は,次の2点を重視している。

> ・後で見て,何を観察したかわかる
> ・正確な観察ができている

植物の観察では,連続して観察記録をとることが多い。後で見直したときに,何を書いてあるのかわからない記録では,今までの学習が生かせないことになる。

また,観察の記録は正確さが求められる。観察した植物や昆虫の様子が,詳しくわかるように記録させたい。

1 観察記録のフォーマットを示す

後で見直したときに,わかりやすい観察記録にするにはどうするか。

> 毎回同じ観察記録のフォーマットにする

いつも同じ形式で記録をとることで,後で見直したときに,どこに何が書いてあるのかがすぐにわかるのである。

観察の記録には,ノートを使う。ノートだと,授業中に前の観察記録をすぐに検索できる。また,子どもにとって,美しい観察記録がノートにたまっていくのは,ことのほか嬉しいらしい。

4 観察記録のとらせ方の原則

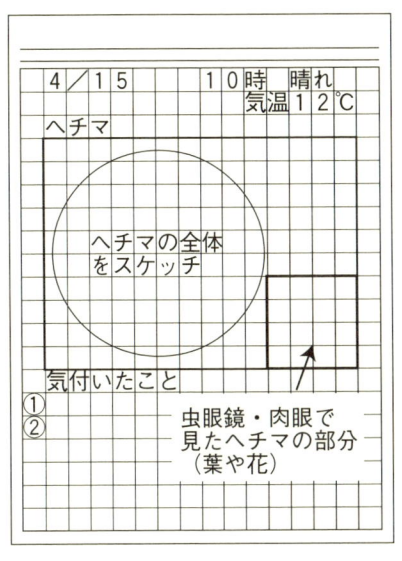

```
 ┌─────────────────────┐
 │ 4/15    10時 晴れ   │
 │         気温 12℃    │
 │ ヘチマ               │
 │    ╱‾‾‾‾╲           │
 │   │ヘチマの全体│      │
 │   │をスケッチ │      │
 │    ╲____╱  ┌────┐   │
 │            │  ↑ │   │
 │            └────┘   │
 │ 気付いたこと         │
 │ ①       虫眼鏡・肉眼で│
 │ ②       見たヘチマの部分│
 │         （葉や花）    │
 └─────────────────────┘
```

プリントを使うこともあるが, ノートに貼るとどうしてもしわになるし, 別のファイルなどに保存しておくと, 探すのに面倒である。

特別支援を要する子がいる場合は, フォーマット通りにノートを書くように口で説明しただけでは, 書けない場合もある。

そのようなときは, ノートにフォーマットを書いてやる。できれば赤鉛筆で薄く書いてやると効果的だ。

子どもは教師が薄く書いた赤鉛筆のところをなぞればいいだけなので, フォーマット通りに書くことができる。しばらくすると, ノートを見ながら自分で書くことができるようになる。

観察記録には次のことを書く。

┌─────────────────────┐
│ ① 日付（時刻）   │
│ ② 天気   │
│ ③ 気温   │
│ ④ 調べるものの名前   │
│ ⑤ 全体のスケッチ   │
│ ⑥ 部分のスケッチ   │
│ ⑦ 気付いたこと（箇条書き）│
└─────────────────────┘

気温を書いておくことには, 意味がある。4年生の観察技能は,「関係付ける」である。気温と昆虫の数との関係や, 気温と植物の成長の様子が関わっていることを学習する。そのため, 季節ごとの気温がどのくらいなのかを知っておくことが大切になるのである。

スケッチは，全体と部分の2種類に分けている。全体のスケッチに加え，花や葉などの部分を目で見たり，虫眼鏡で見たりして描く。時には花粉などを，顕微鏡や，ルーペ，実体顕微鏡などで見て描くこともある。

部分に注目することで，思いもよらない発見をすることもある。

例えば，青虫の足に注目することで，「とがった足」と「まるい足」とがあることに気付くことができていた。

気付いたことは，①，②と箇条書きにさせていく。「見る」，「触れる」，「かぐ」，などを使って観察し，「わかったこと，気付いたこと，思ったこと」を書かせていく。

観察記録は1ページで終える。

3年生の理科では，2種類，または3種類の植物を育てるようになっている。例えば，ホウセンカとコスモスの成長を比べたいときに，左側にホウセンカの観察記録，右側にコスモスの観察記録をとると，見開き2ページで比べることができるわけである。

2 正確な観察記録にする方法

スケッチの仕方にはコツがある。ほうっておくと，子どもは我流で記録をしてしまうことになる。

観察の記録は正確さが求められる

理科のスケッチは，図工の時間のようにうまく描く必要はない。ただ見えたことをそのまま正確に描いていくことが大切なのである。

正確に記録するには，図工のラフスケッチのように，鉛筆で何本も線を入れてはダメである。線が多くて，わかりにくいからである。

さらに，何も指導しないでスケッチさせると「影」を描いたり，「想像」で描いたりしてしまう。

そのようにならないためには，次のように指示する。

> ゆっくり1本の線で描きなさい

　ゆっくり線を描かせるのは，よく観察させるためである。また，1本の線で描かせるのは，例えば，葉の葉脈まで描く際，何本も線を引きながら描いていると，どこが葉脈なのかがわかりにくいということが起きるからである。

　絵の描き方の最初の指導は，種をスケッチさせるときに行った。1本の線で描けていないとやり直しをさせた。図は，指導後の，ヘチマのつぼみのスケッチである。ゆっくり1本の線で描かせると，細部をよく観察しながら，見えたままを描くことができる。

　教師が観察記録の仕方をきちんと指導することで，子どもの観察記録は美しく変化するのである。

3　星の観察は，正確な記録と気付かせる学習で興味をもって取り組める

　4年生理科，「星の観察」で学習することは次である。

> ・空には明るさや色の違う星がある
> ・星の集まりは，並び方は変わらないが，時刻によって位置が変わること
> ・星も太陽や月と同じで，東の方から西の方に動くこと

Ⅱ　理科の授業の基礎技術

　学習内容を，どのように教えるか。

　教科書を見ながら説明をするのではなく，実際に観察させながら，気付かせる授業を行う。

　星の観察は，家で行うことが多い。

　できれば，学校で観察会などを行うとよい。キャンプなどを利用して星の観察を行うこともある。

　学習に先立つ，先行経験を蓄積させるためには，実際に星を観察する機会をもたせることが大切である。

4　正確な観察記録を残すために

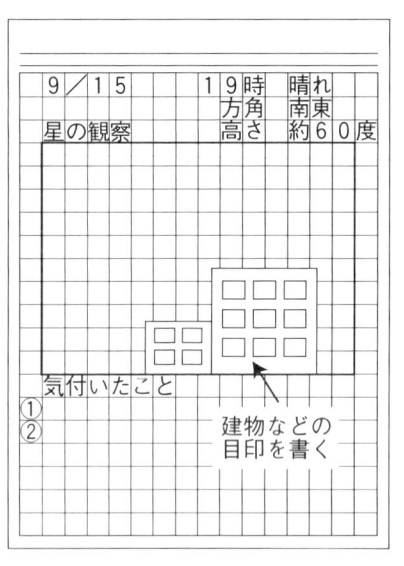

　家や学校で星の観察をさせるときに大切なのが，記録である。

　記録は，正確さが求められる。

　特に，方角によって，見える星が異なるため，位置を記録することが大切になってくる。

　星の観察の学習をする前に，月の動きの観察を行う。そのときに，位置の記録のさせ方を何度も指導しておく。

　できれば，昼間に学校で，真南を教えておくとよい。太陽の位置や方位磁針を使って，真南の位置を教えておくだけで，観察はずいぶん楽になる。

　位置の記録は，方位磁針で確かめた「方角」と，動かない「目印」，そして「高度」を記入させる。

　また，観察を続けると，子どもたちはいろいろなことに気付く。小さ

な発見でも，思ったことでも何でもいいので，記録させるようにする。

安全面に配慮して，家の人と一緒に観察するよう助言する。

5　星の観察（1回目）

次の時間までの宿題で，星の観察をしてくるように指示する。

ただし，次の条件をつける。

> どの星を記入してもよいが，星の数は5～10個程度とする。

数を限定するのは，自分だけの星座をつくる活動を行うためである。数が多すぎると，星座をつくりにくくなってしまう。

次の時間に星座を学習する。

授業は次のようにする。

① オリオン座や白鳥座などの星座を紹介する。

② 子どもたちに，観察してきた星で，自分だけの星座をつくらせる。

③ 星座早見表を参考に，自分が見てきた空に，本当はどんな星座の名前がつけられているのかを調べる。

この流れで授業を行うと，自分が見てきた空の星には，どんな星座があったのかに興味をもって調べることができる。

さらに，気付いたことを発表させることで，星には明るさや色に違いがあることを押さえることができる。

6　星の観察（2回目）

2回目の観察では，星座を探すようにさせる。

例えば，白鳥座を探そう，というように目標を決める。

なかなか見つけられない子のために，白鳥座の見つけ方を簡単に説明するとよい。

Ⅱ　理科の授業の基礎技術

「夏の大三角は，ベガ，アルタイル，デネブを結ぶとできます。この3つはとっても明るいので，夜空を見上げると，すぐわかります。デネブが白鳥の尾っぽになります。よく見ると，デネブのそばに3つの明るい星，遠くに1つの星が見えてきます。

白鳥座は，別名『北十字星』とも呼ばれています。星を結ぶと十字に見える星座が，白鳥座です。」

星座早見表の使い方を授業で教えると，目標の星座をすぐに探すことができる。

白鳥座が，何時ごろにどの方角に見えるのかを授業で確認しておくとよい。

2回目の観察では，最初の観察と違い，次の条件をつける。

時間を1～2時間おいて，2回観察してスケッチすること

これは，星座をつくっている星の位置が，時間によってどのように変化をするのかに気付かせるために行う。

スケッチは，図のようになる。

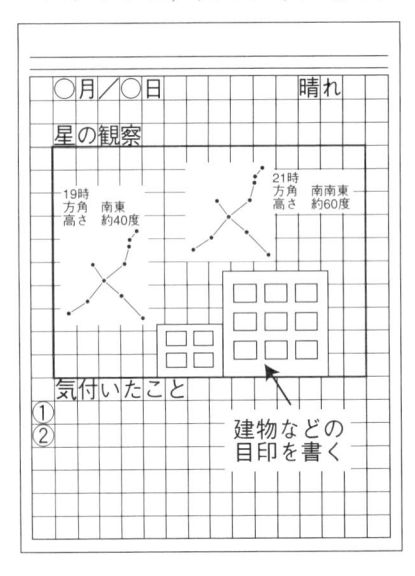

2時間目の授業でも，観察して気付いたことを発表させる。

①星座が動いたこと，②星は動いても星座の形は変わらなかったこと，などの意見が出る。

星の学習で大切なことは，実際に星を観察させて，星の動きに気付かせることである。夜空の星をたっぷりと観察させ，正確に記録をさせることで，子どもたちは，いろいろなことに気付くことができる。

82

教師が教科書を読んで長々と説明するよりも，自分で観察して発見した方が興味をもって取り組むことができる。
　実際に本物を観察した後に，映像資料を使ったり，実験をしたりするとよい。

5 特別支援教育に対応する

1 教科書の実験ができない

　理科の観察が大好きなＡＤＨＤのＡ君。生き物を観察したり，石を観察したりすることには興味をもって取り組んでいた。
　ただし，化学の実験となると，「よくわからーん！」を連発することがあった。例えば，6年生最初の化学の実験。「酸素の中でろうそくを燃やす実験」が出てきたときのこと。
　実験方法が写真付きで解説してあるのだが，よくわからないと言う。
　実験手順がごちゃごちゃしていて，見ている途中でわからなくなってしまうらしい。特に，実験の手順が多いほど途中でできなくなって隣の子にイタズラを始めてしまう。
　今までは，教科書通りの実験のときは，教科書の実験方法をノートにそのまま写すだけでどの子も書くことができていた。
　Ａ君のように教科書を見てもよくわからないという場合に，教科書通りの実験をどのように進めればよいのだろうか。効果のあった実験前の指導を紹介する。

2 教科書通りの実験を教師がやってみせる

　4月の最初の理科。最も効果的だったのが次のことである。

【ステップ1】

> ① 教科書の実験を，教師が途中までやってみせる
> ② 実験方法・準備物を板書し，板書をそっくりそのままノートに写させる

　教科書を見てもよくわからないと言うA君には，教師の板書を写すように言った。
　写すのも勉強のうちだということを何度も言ってある。
　A君は，必死になって板書を見ながらノートに実験方法，準備物を書いていた。
「ノートをこんなにきれいに書いたのは初めてだ！！」
とほめられたノートを両手で上げながらさけんでいた。
　きちんとしたノートが書けるようになると自信につながる。
　しかし，いずれは教科書も参考にできるようにさせなければならない。理科の実験が少し得意になったと言い出したので，教科書を音読するようにした。

【ステップ2】

> ① 教科書の実験方法を音読する。（追い読み）
> ② 簡単に確認する。「最初に何をしますか？」「どんな準備物がいるのかな？」
> ③ 教科書の実験方法をそのままノートに写させる。
> ④ 教師の前に集め，実験を途中まで行う。（実験結果は出さない）
> ⑤ 準備物を考えさせる。

　準備物は，今教師がやった実験で使ったものを書けばいい。
　教科書に書いていない「マッチ」や，「燃えさし入れ」なども準備物としてノートに書くことができる。教師が実験をやって見せることで，A君も準備物を全部書くことができた。

もし全部書けていなくても，準備物のところは班の人と相談してもよいことになっている。班の人みんなで考えるのでもれが少ない。もし，準備物で足りないものがあっても，「本当にこれだけかな？」とそっとアドバイスをしてあげればよい。

　A君にとっては，教科書の写真や解説を見るだけで準備物を考えるよりも，実際に実験を目で見たほうが，イメージすることができた。

　「準備物わかったぞ！　ノートに書けるよ。」とすぐ席に戻って一番に書き始めたほどである。

3　少しずつ実験方法を考えさせていく

　教科書通りの実験を何度もやっているうちに，だんだんと実験が得意になってくる。

　ノート見開き2ページに実験手順を書き，そして準備物もきちんと書くようになる。実験方法を考えて書くことができるようになってきたのである。

　最初は教科書の実験方法をそのまま写していた。

　慣れてくると，教師の実験を参考に実験方法を書くことができるようになる。

【ステップ3】

> ① 教科書の実験方法を音読する。（追い読み）
> ② 簡単に確認する。「最初に何をしますか？」「どんな準備物がいるのかな？」
> ③ 教師の前に集め，実験を途中まで行う。（実験結果は出さない）
> ④ 実験方法と準備物を考えさせる。

　教科書の実験方法をそのまま写させるのではなく，教師の演示実験を参考にして，実験方法と準備物を両方考えさせるのである。

最初の授業と比べて，実験方法もノートに書かなくてはならないので，少し難しくなっている。しかし，実験が得意になってきているので，「わかる！ 実験方法をノートに書けた！」と言って喜んで書くことができていた。

さらに，実験に慣れてきたら教師の演示実験がなくても，教科書だけで，ノート見開き2ページに実験方法と準備物をまとめることができるようになった。

4　4月の実験前の指導が成功するかどうかが1年間を左右する

A君にとって，教師の実験を目で見てイメージすることは，何より授業がわかりやすいものになった要因の1つである。最初の実験で，板書をしっかりと写させることは，同時にノート見開き2ページの書き方を教えることにもつながっている。実験についてのイメージをもち，そして丁寧にノートをとることで学習が安定していった。

A君だけでなく，他にも理科が苦手な子はいた。しかし，スモールステップで実験が進むので，抵抗なく理科の授業に取り組むことができたのである。

III 確かな学力を保証する

Ⅲ　確かな学力を保証する

1　知識と実感を結びつける

1　知識は実感が伴ってこそ，自分の糧となる

「500平方センチメートルの中に何人入れるか。」
と子どもに聞く。子どもの中には，5人とか10人とか多くの人数を答える子がいる。

500cm² というと，なんだか広いイメージがあるのだと思う。

しかし，実際は，児童机の広さよりも狭い。1人がやっと立てるぐらいの広さである。

知識としては，500cm² という概念を知っていて，面積を求めるときも公式に当てはめてスラスラ解ける子が，意外ととんでもない答えを言うことがある。知識と実感が結びついていない例である。

同じように，理科の授業でも，単に数字を言うだけでは，本当にわかったとは言えない場合がある。

例えば，「地球で，人間が使える淡水の量は，約9万立方キロメートルしかないのです。」と教師が説明しても，子どもは知識としては何となくわかっても，実感することは到底無理である。まして，これが少ないのか多いのかはわかりようもない。

それよりは，次の説明の方がよい。

「地球で人間が使える淡水の量は，世界の淡水量の0.26％に過ぎない。」

これなら,「少なそうだな。」と思わせることができる。
さらに,実感にまで結びつけるなら,次の方法をとるのがよい。
1リットルのペットボトルを5本用意する。
これが地球の全ての水だと説明する。
利用できる淡水は,どれぐらいあるかを考えさせる。
子どもたちは,ペットボトル1本はあるとか,せめてコップ1杯分はあるだろうと予想する。
しかし,実は,小さじ1杯にも満たないことを教える。
子どもたちは,言葉で説明されるよりも,ある程度実感をもって,この現実を理解することができる。知識は,実感が伴うとよく覚えておくこともできるし,自分のものとなるようである。

2　微生物の大きさを実感として知る

発展学習として,プランクトンの観察を行った。
まず,「野生のメダカは何を食べているのか。」と尋ねた。
子どもからは,藻みたいなのを食べている,小さな生き物を食べているなどの意見が出た。しかし,まったく見当のついていない子もいた。
「水中には,小さな生き物がいるのです。それを食べているのです。」と説明した。
「では,教室のメダカの水槽の水を観察して,小さな生物が見えるかどうか探してごらん。」
子どもたちは,我先にと,水槽の周りに集まった。
「何か見えた人？　ほとんどの人が見えていませんね。実は,その小さな生物というのは,肉眼では見えないほど小さいものが多いのです。」
「では,何を使って観察しますか。」
子どもから意見が出て,顕微鏡で観察することになった。
実験方法が決まったところで,さっそく,池にプランクトンを採取し

に行った。

　目の細かい網で藻の中を探ると，すぐにミジンコが採取できる。

　池の水以外にも，メダカを飼っている水槽についている緑色の部分をはがして採取したり，プールの水に浮いている藻を採取したりした。

　休み時間に，ミジンコがすぐに観察できるプレパラートや，ゾウリムシなどがいるプレパラートを作っておいた。

　2時間めの最初に，各班にプレパラートを配り，見るように言った。

　最初は，プランクトンがどんなものかが，まったく知らない子もいる。子どもにプランクトンを探させる前に，教科書の写真や実物を見せておくと，観察のときに，プランクトンとゴミの区別ができる。

　ここまでして，いよいよ観察である。

　やはり実物の威力はすごい。

　ミジンコの中には，卵をもっているものもたくさんいた。

　よく観察すると，内臓がドクンドクンと動いていることがわかる。

　発見したときには，どの子も大きく歓声をあげる。

　プレパラートの作り方も教える。

　最初は教師がやってみせて，だんだんと子どもにまかせるとよい。

　池の水やプールの水など，場所によってプランクトンの種類と数が異なる。これも，実際に観察をしてみて初めてわかることである。

　最初は，たっぷりと体験をさせる。

　体験が基礎となって，知識を自分のものにできるからである。

3　あと一歩の詰めで，知識を自分のものにする

　たっぷりと観察し，発見したプランクトンをノートにスケッチさせた。

　スケッチさせるときに大切なのが，倍率を書いておくことである。

　観察の後，どんな生物がいたかを発表させる。

　名前もわからないような，不思議なプランクトンが次々と発表される。

私が用意しておいた資料に書いてあるプランクトンだけは、名前を確認した。

ここで、あと一歩の詰めを行う。

「今まで観察してきたプランクトンの大きさを聞いてみます。」

「ゾウリムシはこれくらい、ミドリムシはこれくらいの大きさだとします。では、ミジンコはどれくらいの大きさでしょうか。」

黒板に大きくミジンコを描いた。

子どもたちから、こんなに大きさが違うんだと声が上がった。

単純に倍率の数字だけでは、大きさの違いは伝わらない。

黒板に絵を描くことで、大きさの違いを体感できる。

さらに、これらの微生物を食べているメダカはどれぐらいの大きさになるかを尋ねた。

また、黒板にメダカを大きく描いた。「うわー！　すごい！」と驚きの声があがった。

さらに、もう一歩の詰めを行った。

「ところで、メダカは本当にプランクトンを食べるのでしょうか。ちょっとかわいそうなんだけど、メダカをプランクトンのいるシャーレに入れてみましょう。」

少し、かわいそうだが、これも自然の営みである。そのかわり、他のプランクトンは実験後にちゃんと逃がしてやった。

知識と実感をつなげるには、あと一歩の詰めが必要である。

実感として、知識を自分のものとできるようにしたい。

2　学習した知識を出力する場面を設定する

1　理科の基礎学力は出力させることで身に付く

　理科で学習した知識は，誰かに向けて発表や説明をする過程で身に付くと考えている。
　ただ単に暗記をしただけでは，しばらくすると忘れてしまうことが多いようである。
　何度も繰り返し問題を解き，テストをすることで学力を定着させる方法もあるが，それに加えて，「情報を出力」することが効果を発揮する。
　例えば，子どもに，今まで学習したことを，友達に発表するように言う。子どもは，資料を集めたり，学習したことを画用紙にまとめたりして，一生懸命に発表する。しかし，最初はなかなか伝わらない。
　相手に伝わるように発表するには，自分がもう一度その知識を学び，自分なりに解釈して，深く理解することが必要だからである。
　相手に伝えるという目的のために，自分から，もう一度知識を学んで覚えようとするわけである。
　相手に発表できるくらい，学んだり，考えたりという場面をつくることができるのだ。
　学習した知識を出力する過程で，知識が身に付いていくことは，私自身の経験からも言える。
　大学のときに理科研究室に所属していた私は，2本の論文を学会誌に

発表し，学会発表を何度も行った経験がある。

発表以前と，発表後では，明らかに知識の定着率が上がったという実感があった。これは，他の学生も同じであった。

授業における知識の入力だけで終わるのではなく，学んだ知識を出力する場を設定することが，基礎学力の保証につながると考えている。

2 知識を出力する場を意図的に設定する

どういうときに，知識を出力する場を設定するか。
何も，発表会だけが，知識を出力する場面ではない。
ノートまとめも，知識を出力する場面であるし，もっと簡単に発表させる場をつくることもある。
大きく分けて，次のような出力場面がある。

```
A  授業の後に出力する（ノートまとめ，発表会など）
B  授業の中で出力する（隣の人に説明する，発見を発表する）
```

（1）授業後の出力場面

授業の後に行うことが多いのが，発表会である。

グループに分かれて，一番興味のあることについて調べたりまとめたりし，学習発表会を行う。

理科で学んだ知識を使って，みんなの前で発表するのである。

実験をマジックとして公開する子もいるし，もっと詳しく調べてわかったことをクイズ形式にして発表する子もいる。

他にも，ノートに自分の言葉でまとめることもある。

ときには，研究論文を書くように言う。単元の終わりに，今まで学習したことを自分なりの言葉でまとめさせるのである。6年「電流のはたらき」で書かせたところ，ノート10ページ以上にわたって，自分が調

べたことや学習してわかったことをまとめることができた。

(2) 授業中の出力場面

授業中の出力は、こまめに行っている。

例えば、次のような場面に、発表させるようにしている。

> ① インターネットや本で調べた後で、何を調べて、どういうことがわかったのかを発表する。

子どもから疑問が出たときなどに、時間をとって、調べ学習をするように指示する。調べ学習の後に、どういうことがわかったのかを発表させるようにしている。

後で発表することがわかっているので、子どもたちは責任をもって調べようとする。

しかも、調べたことそのままを発表すると質問の嵐になる。

意味のわからない言葉は辞書で調べておかなくてはならないし、難しい表現は、簡単な言葉に直さないといけなくなる。

相手に発表するということが後に控えていると、資料の丸写しをしないようになり、自分なりに理解しようと努力するようになる。

> ② 実験後、どういう結果が出て、何がわかったかを、隣の人に説明する。

個々の実験の後に、隣の席の人に報告をするわけである。

これも、後で隣の人に説明をしなくてはならないので、実験に熱が入ることになる。

後で説明するためには、結果を覚えていないといけない。しかも、結果からわかることを、自分の言葉で説明しなくてはならない。

何となく実験をしていては、相手にわかりやすく説明することは無理である。自分で考えながら、実験をするくせがつく。

また，隣の人に説明をした後で，みんなの前で説明をさせることもある。一度説明をしているので，上手に発表できるし，何度も説明をしているうちにわかってくることも多い。

　他にも，説明を聞いた方が，みんなの前で発表するというシステムをとることもある。

　説明を聞いた方が発表ということになると，聞く方は真剣に聞くし，説明する方も，相手にわかってもらえないと相手が説明できなくなるのだから，わかりやすい説明をするようになる。

　いろいろな場面・方法で出力が可能である。できるだけ多く，発表やまとめの場をとらせたいと思う。

3 ノートまとめは美しく

　単元の最後には、ノートまとめを行う。
　今までに学習したことを、見開き2ページにまとめさせるのである。
　学習した内容を自分なりにもう一度整理するわけであるから、学習したことを振り返ることができる。結果、学力の定着にもつながる。
　ルールは1つである。

> 教科書や、その他の資料は見てもよいが、丸写しはダメ

　自分の言葉でまとめさせるから、学力が定着するのである。
　しかも、どうせまとめさせるなら、美しく素敵なノートにしたい。
　理科の学習の楽しさの1つが、ノートに美しくまとめるということだ。日頃から、ノートは丁寧に書くように言っている。そして、ノートまとめは、最も美しいノートを目指す。
　今まで勉強したことを詳しくまとめ、しかも美しくまとめようとするから、全員が真剣になる。
　どの子も、美しいノートに仕上がるようにするには方法がある。
　以下、具体的な方法を紹介する。

1　最初は美しいノートのイメージをもたせる

　最初は、今までの子どもたちのノートを見せることにしている。
　何よりもまず、美しいノートのイメージを子どもにもたせることが大

3 ノートまとめは美しく

切である。
　こんな素敵なノートを書いてみたいと思わせるようにする。
　子どもに聞いてみる。
「このノートのどこに工夫がありますか。」
「絵がある。」
「詳しくまとめられている。」
「丁寧にまとめている。」
などの意見が出る。
　子どもたちに，美しいノートまとめはどうすればいいのかに気付かせるようにする。

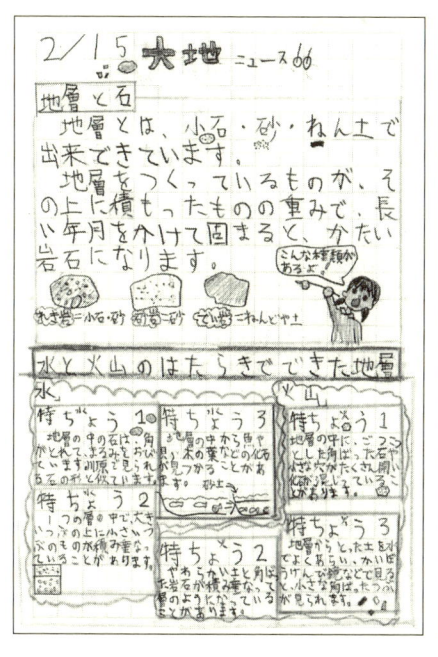

2　ノートの個別評定で子どもに美しさの基準を示す

　子どもが書いたノートまとめを評価する。

Ⅲ　確かな学力を保証する

　評価の基準を次に示す。

> ① ていねい
> ② 図や絵がある
> ③ 詳しい
> ④ 学習した内容をまんべんなくまとめている
> ⑤ 自分の言葉でまとめられている

　これらの全てができていたら,「AAA」の評価である。

　4つ・・・AA
　3つ・・・A
　2つ・・・B
　1つ・・・C

となる。

　おしくも,5つの観点に達しなかったものは,「AA°」というように,中間の評価も付け加える。

　この中で難しいのが,5の「自分の言葉でまとめられている」である。どうしても,教科書の言葉そのままになってしまう。

　自分の言葉でまとめるためには,学習した知識を,もう一度自分なりに考え直して,解釈を加える必要がある。学習したことを本当にわかるまで追究していないと,自分の言葉で説明はできない。

　相手にわかりやすく表現できるかどうかが,問われるのである。

　「AAA」の評価をもらったときには,子どもは飛び上がって喜ぶ。本当にがんばらないと,なかなかここまでの評価がでないからである。

　評価がはっきりしているので,どの子も,具体的な目標をもってがんばることができる。

4 技能は繰り返して身に付けさせる

1 技能を習得させる方法

実験のために，必要な技能がある。
例えば，アルコールランプを正しく使えること。
顕微鏡を正しく使えること。
簡単なことで言えば，マッチを上手に点火できること。
これらの技能が正確に身に付いている子どもがクラスに何人いるだろうか。
教師が強く技能を習得させようと思っていないと，子どもが自然と技能を習得するということは，あまりない。
私の場合，次の方法で技能の習得を目指している。

> ① 使い方をノートにまとめさせる
> ② やってみせる
> ③ やらせてみせる（教師のチェック）
> ④ 繰り返し使わせる
> ⑤ テストをする（教師のチェック）

技能の習得には，使い方を説明して実際に使わせるだけでは不十分である。
「繰り返し使わせる」ことと，「教師のチェック」が必要になる。

2　技能を習得させる指導

　教科書に書いてある使い方を読む。クラス全員で音読させる場合もある。声に出して読むことで，使い方がわかるということもあるからである。
　使い方を読んだら，次は必ずノートに使い方を書かせるようにしている。
　書くと子どもたちの記憶に残るようである。
　絵や図を使いながら書かせると，自分だけの取り扱い説明書ができあがる。
　次に，教師がやってみせる。
　全員の前でお手本を示すのである。
　教科書を読んで聞かせ，ノートに使い方を書いたからといって，いきなり子どもに使わせることはできない。
　細かい技能が抜けることがあるからである。
　例えば，顕微鏡の使い方で，スライドガラスにできるだけ近づけるとなっているが，どれくらい近づけたらいいのかは，やって見せないとなかなかわからない。「けっこうぎりぎりまで近づけているぞ。」などと驚いている子もいる。
　教師がお手本を示してから，質問を受ける。
　そして，いよいよ子どもに使わせる。
　最初は，これでもできない子がたくさんいる。
　技能は，そう簡単には身に付かないことを示している事実である。
　教師は，全員の実験を見て回る。
　ここで重要なのは，見て回っているときに，間違った使い方をしている子を探すことである。
　同じような間違いがあれば，多くの子が同じミスをしている可能性が

ある。

　例えば，アルコールランプを使い終わった後は，本当に火が消えたのかをチェックしないとダメだが，ほとんどの子ができていなかった。
　こうした間違った使い方を見て回る。危なければ，やり直しをさせる。
　一通りやらせてみたら，もう1度説明する。
　先ほど見回ったときに見つけた間違った使い方を，全員に紹介するのである。
　そして，ノートに「注意」として書かせる。
　次の実験から，この注意を意識しながら，道具を使用するようになる。
　使い方がわかったら，後は，回数をこなさせる。
　「3回はチャレンジしなさい。」のように言う。回数をこなさないと，技能は上達しない。
　毎回同じ子が実験のときに活躍するような事態は避けたい。
　クラスの誰もが，マッチをすることができ，顕微鏡を使いこなせるようにしたいのである。
　何度も繰り返し使わせて，ある程度の回数をこなしたというときに，テストを行う。
　出席番号順にしてもよいし，班の中で1番自信のある子からテストをしてもよい。
　合格した人は，試験官として，テストの合否を判断できるようにしておく。
　そうすることで，人数が多いクラスでも，あっという間にテストを終えることができる。
　テストの合格の判定は，厳しく行うように言う。
　少しのミスがあっても，不合格である。
　テストまで全部終えれば，一応免許皆伝である。
　基本的な実験技能を正しく身に付けておくことで，理科の実験が楽しくなるのだと思う。

Ⅲ　確かな学力を保証する

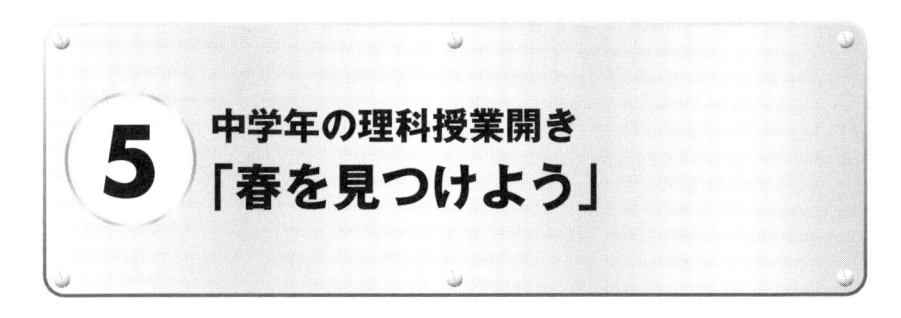

5　中学年の理科授業開き「春を見つけよう」

1　観察の技能指導　―理科の到達度を意識した理科授業開き―

　理科の基礎基本として，学習指導要領に書かれてある技能がある。
　4年生では，「関係付ける」，3年生では「比較する」ことである。
　比較することも，関係付けることも，6年生まで何度も使う技能である。中学年のうちから，1年間を通して繰り返し指導していきたい。
　授業開きで「関係付ける」ことと，「比較する」ことを，子どもに意識させる授業を行った。

2　観察技能の到達目標を明確にする

　4年生理科の授業開き。最初の単元は，「あたたかくなると」である。春の動物や植物を観察し，記録する。
　授業開きに，観察の技能を指導するにはどうすればいいか。

個別評定する

　次のように，評価の基準を設定する。

① 目に付いたことを書いている→B
② 視覚以外のことを書いてある（触れる，嗅ぐ，聴く，味）→B°

> ③ **詳しく書いている(数値を入れる,細かいところまで観察)→A**

　目に付いたことをそのまま書くことはできるが,においや音などを意識して記録できる子どもは少ない。目に付いたことだけでなく,視覚以外の五感を活かして観察することを教えていきたい。
　触ってみると植物の特徴がわかったり,花や葉のにおいで種類がわかったりすることもあるからである。
　さらに,詳しく観察することも教えたい。例えば,「花が咲いていた」のようにただ何となく見るのではなく,花の中まで覗き込んだり,葉の裏側まで観察することができるようにしていきたいと考えている。また,「チョウが2匹飛んでいた。」のように数値が入ると,詳しい記録になる。
　詳しく観察することができるようになってきたら,さらに,何かと比較したり,関係付けたりして記録させていく。

> 比較している・・・A
> 関係付けている・・・A○
> 疑問や予想を書いている・・・AA

　特に4年生は,指導要領の目標でもあるので,比較や関係付ける技能をしっかりと身に付けさせたい。
　疑問や予想は,教師が指導しないと,なかなか子どもからは出ない。子どもの疑問や予想から授業が発展することもある。わからないことや思ったことを,ノートに記録する習慣を身に付けさせておきたい。

3　個別評定の方法

　観察を終えて,子どもに観察記録を板書させる。
　そして,黒板に評定をしていくのである。
　ほとんどの子が,①の目に付いたことを書いている。

しかし，ごくわずか，視覚以外のことを書いている子がいる。
さらに，「鳥がいた。」という簡単な記録ではなく，「緑色をした小さな鳥が2羽いた。」のように詳しく書いている子がいる。
その子をしっかりとほめるのである。ずばりA評定をつける。
どういう観察の仕方がいいのか，どういう記録の仕方がいいのかを，はっきり示すのである。
教師が説明しなくても，黒板に書かれた評定を見て，子どもたちは観察の方法に気付いてくる。
3年生なら，「どういう観察の仕方がいいかな？」と子どもに尋ねて，考えさせてもよい。評価の基準を子どもの言葉で言わせるのである。
教師がきちんと評定できれば，子どもたちは意欲的に記録をとるようになる。1回の観察で校庭をまわったときに，50個も60個も箇条書きにすることができるようになってくる。
以下，実際の授業の様子を紹介する。

4　4年「あたたかくなると」の導入

授業の最初に尋ねた。
「『春が来た。』とニュースで言っていました。春らしいなあというのは，どんなことからわかりますか。」
虫がいるから，花が咲いたから，桜が咲いたからなどの意見が出る。
「虫を見た人？」
半数くらいの子どもが手を上げた。
「本当にいるんでしょうかね。」
子どもたちは，「まだそんなに多くはいないよ。」「いや，たくさんいたよ。」と意見が分かれた。虫の存在に，意外と気付いていないのである。チョウなどは飛んでいるのでよく目に付くが，葉の下にいる虫や，カマキリのように周りの植物と似た色をしている虫は，探そうと思わな

いとなかなか見つからない。

　他にも,「ウグイスがいた。」「アリがいた。」などの意見が出た。

　「本当にいたの？」と声を出す子もいた。自分が見ていないものを友達に言われたので, 確かめたくなったのである。

　いろいろと春らしいなあという現象を出した後に, 言う。

　「今から春の様子を観察しに行きます。どんな小さなことでもいいですから, 観察してわかったことや, 気付いたこと, 思ったことをノートに箇条書きにしなさい。」

　子どもたちは我先にと観察した。

　観察を20分で切り上げてから, 教室に戻った。最初なのであまり多くは見つけられない。多い子で20数個というところである。

　「記録したのが5個以下の人はB, 6～10個はB°, 11～15個はA, 16～20個はA°, 21個以上はAAとしておきなさい。」

　次に, 観察記録の個別評定を行う。

　最初なので, 視覚で観察した記録が圧倒的に多い。しかし, 中には他の意見も書いている子がいる。例えば,「小鳥の鳴き声がした。」,「花がたくさんさいている。」のような記録があった。さらに,「春なので暖かい。」のように, 季節と温度を関係付けている意見もあった。

　このように, 視覚以外のことを書いている子どもに板書させる。

黒板に書かれた記録のよいところをノートに箇条書きにしなさい。

　「詳しく書いている。」,「聞こえたことも書いている。」などの意見が出た。

5　発問で観察の技能を伸ばす

　次回の観察では, もっと詳しいことまで調べることができるように, 発問で導いていく。

「冬と比べて，どんな違いがありましたか。(比較)」
「春になってから，見かけた鳥はいませんでしたか。(関係付ける)」
「昆虫が多いのは，校庭にどんな植物があったからですか。(関係付ける)」
このように，発問で対象を見る視点を養っていくようにする。
さらに，文型も子どもに示した。
3年生で学習した「比較」のための文型は，次である。

> 「○○は〜だけど，□□は〜だ。」
> 「○○と同じで，□□も〜だ。」

例えば，「冬には桜は咲いていないけど，春になると咲いてきた。」のような意見になる。
4年生で学習する「関係付ける」ための文型は，次である。

> 「○○のときは，〜になる。」
> 「○○なのは，〜だからだ。」

例えば，「あたたかい季節には，花がたくさん咲く。」，「虫が多いのは花が多いからだ。」のように記録する。

次回からの観察は，子どもたちのやる気が違う。必死になって観察する姿が見られる。特に，においや音，数などに注目するようになる。さらに，徐々にではあるが，何かと比較したり，関係付けたりするようになったのである。

授業開きで観察の技能を子どもに意識させ，今後も使える技能を養っていきたい。

6 高学年の理科授業開き

1 授業開きから基礎学力の保証は始まっている

高学年の理科は，何となく難しいイメージがある。
授業開きは楽しく行いたい。
楽しく，しかも，学力保証のための布石となる授業にしたい。
基礎学力の保証のためには，次のことが必要になる。

> 学年で重点が置かれている資質・能力を意識した授業開き

5年生の理科で重点が置かれている資質・能力として，「条件を統一して実験を行う」ということが挙げられる。

例えば，種子の発芽に必要な環境条件を調べるときには，水を与えたものと与えないものとを用意し，その他の温度などの条件は統一して実験をする必要がある。他にも，「ものの溶け方」や「振り子」などの実験でも条件統一は必要になる技能である。

6年生では，多角的に考えることが求められる。多面的な視点から観察・実験などを行い，結論を導くという学習になる。

多角的な視点から調べるためには，仮説をたてる必要がある。例えば，「生物の体のつくり」では，「どうして日光が当たらない植物は，あまり成長しないのか。」という疑問から，「日光が当たると，植物に栄養（養分）がつくられるのではないか。」という仮説にいたり，実験をして結

Ⅲ　確かな学力を保証する

論を導くという流れになる。

　疑問から仮説にいたり，実験をして結論を導くという力は，討論の中で養うことができると考えている。討論のためには，自分の考え（仮説）をもたなくてはならないし，検証のためには，実験方法も自分で考えなくてはならないからである。

　以下は，「学年の到達目標」を意識させるために行った授業である。

2　5年生「条件統一」を意識した授業開き

　いろいろな磁石を用意しておいた。ネオジム磁石（最強の磁力をもつ磁石），フェライト磁石，ゴム磁石などである。

　最初に，自由に実験をさせる。

　磁石は鉄を引き付けるということを思い出させるためである。

　クリップを1人に10個ほど与えて，いろいろと試させた。

　実験後に尋ねる。

　「1円玉などのお金は磁石につきますか。」

　硬貨で確かめた。結果は，全て磁石にはつかないである。

　お金は，鉄ではなく，銅やアルミニウムなどからできているので磁石につかないことを説明する（ただし，銅やアルミニウムは強力な磁石を近づけると，電流が発生し，磁石から力を受ける）。

　子どもたちは，私が実験をして見せている間，シーンと集中して結果を見ていた。簡単そうで，意外と難しい問題である。

　次はいよいよメインの発問である。

　「いろいろな磁石があります。これらは全て違う種類の磁石なのです。どれが一番磁石の力が強いかを調べます。どうやって調べたらいいか考えて，ノートに書きなさい。」

　早く書けた子から，板書させた。

　「クリップが何個つくかを確かめる。」

「どのくらい離れたところで、クリップが引きつけられるか距離で調べる。」

などの実験方法が出る。

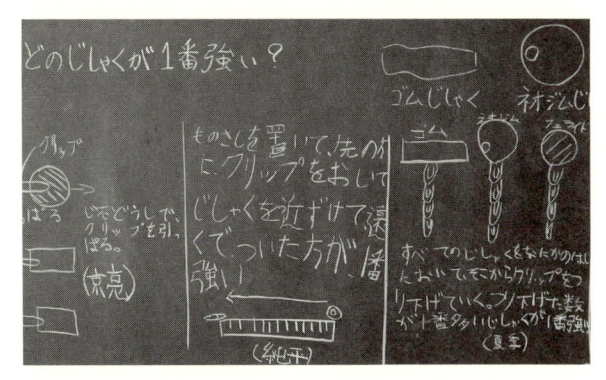

しかし、ここで重要なのは、「条件統一ができているかどうか。」である。フェライト磁石は大きいもの、ネオジム磁石は小さいものというように、わざと大きさの異なる磁石を準備していた。この場合、「磁石の大きさをそろえている」ことができているかどうかを見る。

ほぼ全員が磁石の大きさをそろえるということまで意識がいっていない。

「とってもいい実験方法なのですが、これでは正しい実験はできません。何かをしなくてはいけないんです。」

子どもたちは本気で考えていた。やがて、何人かが気付いた。

「磁石の大きさをそろえなくてはならない。」

大きさをそろえるために、ゴムはハサミで切ればよい。フェライト磁石は、小さいハンマーで軽くたたくとすぐに小さく割れるので、だいたいの大きさにそろえればよい。

同じ大きさで磁力を確かめると、圧倒的にネオジム磁石が強いことがわかる。

子どもたちから、「おお！」「ネオジム磁石がすごく強い。」などの感動の声が上がった。

最後に、お札は磁石につくかをたずねた。ネオジム磁石の大きなもの（3000円くらいで購入できる）をお札に近づけると、磁石にひきつけられることがよくわかる。子どもたちはさらに感動していた。

3　6年生「多角的に考える」ための授業開き

　教材はジャガイモを使う。6年生の理科では，光合成を扱うときに，ジャガイモの葉を使用する。4月にジャガイモを畑に植えるため，その前に討論のための教材として使用しようというわけである。

　また，最初ジャガイモにはデンプンがあるが，芽が出て成長するにつれ，ジャガイモはしわしわになり，デンプンは少なくなっていく。これは，5年生で学習した発芽の際に，種の中の養分が使われることに関連しており，理解を深めることができる。さらに，光合成によって葉にできたデンプンが，ジャガイモに蓄えられていることを学習することで，植物の栄養がどのように使用されているかのサイクルが理解しやすい。

　1人に1つジャガイモを用意する。

　授業のねらいは，自分の考え（仮説）を言うこと，である。

　今までの生活経験から考えられることを，自分の言葉で発表するという授業展開にした。

　「ジャガイモは何で増えますか。」

　多くの子が，ジャガイモはジャガイモで増えると考えていた。

　「ジャガイモは種ですか。」

　種だと考えている子と，ジャガイモは種ではないと考える子が半々であった。理由を書かせて，討論させた。

　【種だと考えた子】
- ヘチマの種を植えると，芽が出る。ジャガイモも植えると芽が出る。だから種である。
- ハムスターは種を食べている。だから，ジャガイモは食べることのできる種だと思う。

　【種ではないと考えた子】
- ジャガイモは土の下にできる。種なら，土の上にできるのではない

か。
・草でも根を植えると芽が出てきて生えるものがある。芽が出てくるからといって種とは限らないと思う。
・種は水をやらないと芽が出ないが，ジャガイモは水をやらなくても芽が出るから，種ではないと思う。

討論は白熱した。意見が煮詰まったときに，ジャガイモは種ではないことを教えた。

「ジャガイモに種はありますか。」

種はあることを説明した。ただし，品種によっては，種ができやすいものとできにくいものとがある。

「ジャガイモのスケッチをします。ノートの上半分にジャガイモを描きなさい。」

ジャガイモにはしわや穴がある。スケッチの途中で助言をする。

「卵のようにつるんとはしていませんね。」

スケッチが終わってから，聞いた。

「芽と根はどのように出てくるでしょうか。予想して，芽と根を書き加えなさい。」

6年生でも，根が出る部分と芽が出る部分は別と考えている子が多い。バラバラの意見になるはずである。

「芽と根が描けたら先生のところに持ってきなさい。」

持ってきたノートには，赤鉛筆で丸をつける。黒板をいくつかに区切り，子どもに板書させた。

「絵が描けたら，そう考えた理由をノートに書きなさい。」

理由をノートに書くことで，自分の意見をしっかりと主張できる。理由を言うときには，前に出て，黒板の絵を使いながら言わせた。黒板の絵を使いながら，自分の意見を主張するとわかりやすい。前に出てくることに慣れてくると，黒板に絵を描きながら説明したり，実験をして見せたりしながら，意見を言うことができるようになる。授業開きから前

Ⅲ　確かな学力を保証する

に出て意見を言う機会をつくっておく。

　検証のための実験も自分で考えさせた。

　いろいろなジャガイモで確かめた方がいいということになって，「男爵イモ」と「メークイン」を教室の窓際において，育てることとなった。

　育ってくると，ジャガイモの芽がまず出てきて，その芽から根が伸びていることがわかる。また，地面に植えたジャガイモを，しばらくしてから掘り返してみると，小さなジャガイモがたくさんできていた。よく見ると茎が塊になって，小さなジャガイモができていることがわかる。ジャガイモから茎が出て，茎が変化してジャガイモができていることに，子どもたちは大変驚く。ジャガイモという身近なもので，いろいろな驚きを味わうことができる。

　疑問をもち，仮説を立てて，検証のための実験方法を考えるという一連の学習活動の中で，特に仮説を立てることを中心として授業を行った。

　ジャガイモを扱うことで楽しく，しかも，1年間の理科授業のやり方を児童に意識させることができた。

(参考文献：『黄金の三日間　誰でもできる楽しく知的な学級づくり　高学年』明治図書，大前暁政論文)

IV 科学的思考力を伸ばす

Ⅳ 科学的思考力を伸ばす

1 探究型理科授業を提案する 6年「電流のはたらき」

1 子どもに通用する本物の実践を目指して

　子どもが自分で疑問をもち，実験方法を考え，解決していくという探究型の授業を行った。
　5・6年複式学級での実践である。
　ごく普通の小学校の，ごく普通の子どもたちである。
　しかも，9名という少数である。
　少人数のクラスを担任したことのある教師はよくわかるのだが，クラスの人数が30人以上の場合とは，いろいろな面で，かなり異なる。
　例えば，教師の発問が悪いと，そのまま授業の熱気は沈下していく。
　教師の少しのミスが，すぐに影響となって現れるのである。
　ある程度の人数がクラスにいれば，教師があいまいなことを言っても，1人ぐらいはフォローをしてくれる。気の利いた子が，教師の期待している答えを言ってくれるものである。しかし，少人数では，そういうことは少ない。ほとんどない。
　ダメな発問・指示をすると，授業があっという間に停滞するのである。
　私は新卒で41人を担任し，その後，38人，39人と担任してきた。いつもだいたい40人近くがクラスにいたわけである。
　今思えば，ずいぶんとイージーな授業の組み立てであり，教師の発言であり，授業の展開であったと思う。それでも，何人かの気の利いた子

どもが、フォローしてくれたおかげで、何とか授業が成立していた。

ところが、少人数の担任になってからは、かなり言葉も吟味するようになった。

研究授業のときなど、私が一度余計なことを発問したために、授業が完全に停滞し、破綻した。

参観者が5名いたが、「今日は、先生のたった1つの発問ミスで、見事に授業が崩れましたね。」と言われた。

私の発問に、全員が答えなかったのである。

授業がよかったかどうかは、子どもの反応でおもしろいくらいすぐに判断できる。子どもが理科の授業に熱中したとき、教師が手応えを感じたときの実践が本物なのである。

少人数のクラスには、本物の実践しか通用しないという厳然とした空気がある。

しかも、複式学級なので、6年生の単元を5年生が学習することになる。

「電流のはたらき」の単元で探究型の学習を行うことは、5年生には難しいのではないかということも考えた。

しかし、その心配はなかった。授業は、5年生でも十分に考え、理解することができた。以下、実践を紹介する。

2 探究型理科授業の指導案

理科の指導案をそのまま紹介する。

5・6学年　理科学習指導案

　　　　　　　　　　　　　　　5・6年複式学級　指導者　大前暁政

I　研究テーマ
「児童の主体的な問題解決の活動を支援する学習指導の工夫」

Ⅳ 科学的思考力を伸ばす

～すすんで課題を見つけ，見通しをもって解決していく
探究型の理科学習～

Ⅱ 研究の内容

本研究では，「課題を見つけ」「予想・仮説・構想」をもち，「解決していく」という探究型の学習を通して，児童に主体的な問題解決の能力を育成することをねらいとしている。

探究型の理科学習を進めるうえで，単元構成の工夫として，次の3点に重点を置き，研究を進めた。
(1) すすんで課題を見つけるための導入の工夫
(2) 見通し（予想・仮説・構想）をもつための指導の工夫
(3) 実験方法を考え，課題を解決していくための手だて

Ⅲ 授業実践

1 単元名　　第6学年　「電流のはたらき」

2 単元の目標
(意) 電磁石のはたらきに興味をもち，電磁石の性質を進んで調べることができる。
(考) 電磁石と永久磁石を比べたり，電磁石のはたらきと，電流の強さや導線の巻き数などの条件と関係付けて考えたりすることができる。
(表) 条件の制御を意識して実験を行い，結果をわかりやすくまとめることができる。
(知) 電磁石の性質やはたらきを理解することができる。
・電流の流れている巻き線は，鉄心を磁化するはたらきがあること
・電流の向きが変わると，電磁石の極が変わること
・電磁石の強さは，電流の強さや導線の巻き数によって変わること

3 指導上の立場
(1) 単元について
本単元は電流は磁力を発生させるという考え方をもつようにするとともに，電流の働きを多面的に追究する能力を育てることがねらいである。
電磁石の性質として学習することは，「①電流の向きを変えると，極

が変わる。」「②電流の強さを変えると，磁力も変わる。」「③巻き数を変えると，磁力も変わる。」の３つである。

　問題解決の活動として，主体的に観察・実験を行うことができるようにするためには，「エナメル線，電池，鉄粉など」を使っていろいろな実験をすることで課題を見つけ，見つけた課題を，自分なりに考えた方法で解決していくという単元構成となる。

　単元の最初に多様な実験を行う。実験をしていく中で児童は，思いがけない現象に出会ったり，新しいことを発見したりすることができる。そして，疑問点や発見したことを，課題としてクラス全体でつかむ。課題に対する意見や考えを交換し，解決のための方法を考えるようにする。

　児童が見つけた課題を，自分の力で解決していく活動を行うことで，上記の学習内容に気付かせることができるため，本単元は探究型の理科学習に適したものであると考える。

　児童の問題解決の活動が適切に行えるよう，コイルや電磁石などの児童が気付くことのできない概念は，教師が教えるようにし，教えた知識や技能を活用しながら，学習を進めることができるようにする。

(2) 児童の実態

　本学級は，５年生３名，６年生６名の複式学級である。実験や観察などの活動に，意欲的に取り組み，自分の意見を積極的に発表することができる。６年生は５年生に教えたり，率先して発表したりするなど，学習をリードする役割を果たしている。５年生も積極的に発表し，自分の意見を主張することができるようになってきた。

　自分で課題を見つけ，課題を解決していくという探究型の理科学習の経験は多いとは言えない（５年生は昨年度，「もののかさと温度」で学習している）。また，条件制御をしながら実験したり，他のものと関連付けたり，比較したりしながら実験する技能が十分に身に付いているとは言えない。

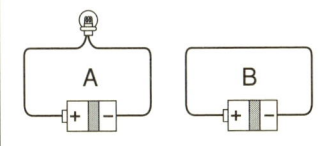

　電流と磁石の学習は，５年生・６年生ともに，２年前に行っている。

　実態調査は単元を学習する３か月前の，７月に行った。

　電流の向きを，きちんと理解できている子どもは半分に満たない。電流は＋極と－極から同時に流れて，ぶつかると考えている子が５年生に

1人，6年生に2人いる。電流の流れ方を間違って理解しているのである。

電球をつなぐと電流が流れて，電球のない導線には，電流が流れないと考えている子が，9人中6人もいる。短い導線だと電流は流れなくて，長い導線だと電流が流れると考える子もいる。

直列つなぎと，並列つなぎで，まめ電球の明るさが変わることを理解できている子は，9人中6人である。

磁石は小さな磁石の集まりであることを理解できている子は，9人中6人である。

鉄のくぎを磁石に近づけると磁化されることを覚えている子は，9人中6人である。

既習の問題を全て正解した（7問中7問正解）子は，9人中1人である。

最も正解率の悪かった子は，7問中2問正解で，9人中2人である。電磁石のことを知っているのは，9人中1人であった。

この結果から，今までの学習内容を思い出させたり，確認したりする事前指導が必要であると考えた。既習の学習内容を復習する時間を確保し，今までの基本的な知識と技能を確実に定着させる。その知識や技能を基盤として，「電流のはたらき」の学習で課題を探究する活動を行っていきたい。

不正解の多かった子の中には，電流や磁石の性質に目を向けるのではなく，暗記で覚えている子もいることがわかった。また，自然現象に対する誤った見方・考え方をもち続けている児童もいる（例えば，電流は＋－両極から出て，途中で電流がぶつかる，など）。電流と磁石の力は目に見えないものであるため，間違った自然認識をもちやすいことがある。正しい自然認識をもつことができるよう，仮説や予想を立てながら自分で見つけた課題を確かめるための実験を行ったり，客観的な結論を導き出せるように討論をしたりする活動を重視していきたい。

(3) 研究テーマとのかかわり

研究テーマに迫るために，以下のことを大切にしながら，授業を進めていく。

① 進んで課題を見つけるための導入の工夫について
・電気と磁力という目に見えないものの性質に気付き，進んで課題を見つけることができるよう，導入では実験する時間を確保し，たっぷりとものに触れることができるようにする。ただし，最初はものを3つほどに限定して，いろいろな実験をする。ものを限定することで，活動が難しくなりすぎないように配慮する。実験道具を1つずつ増やしていくことで，多様な実験を体験することができるようにする。
・発見したことや不思議に思ったことを，教師に伝えることができるような場面をつくり，課題をはっきりとつかめるようにする。

② 見通し（予想・仮説・構想）をもつための指導の工夫
・課題に対して，どうしてそうなるのかを考えて仮説を作ったり，予想したりすることで，課題に対する自分なりの考えをもつことができるようにする。
・課題に対する児童同士の意見が異なる場合は，随時話し合い活動をすることで，問題解決への見通しをもつことができるようにする。
・課題を解決するための実験方法を，友だちや教師に伝えたり，相談したりすることで，見通しをもって実験に取り組み，実験の構想をもつことができるようにする。

③ 実験方法を考え，課題を解決していくための手だて
・課題を解決していくことができるよう，「実験によって解決できる課題」と「解決が難しい課題」とに教師が分類し，助言するようにする。また，どの課題を解決すれば，科学的な原理が理解できるかを教師が判断し，課題を精選できるようにする。
・課題に対し，どのような実験を行えば解決できるかを考えることができるよう，条件制御に目を向けたり，比較や関係付けたりできるよう助言する。

4　探究型の理科学習を進めるうえでの単元構成の工夫
　（全15時間）
（1）導入の実験で電磁石の性質を調べる（3時間）
① 乾電池，エナメル線（1m），鉄粉（スチールウールの粉）を配り，エナメル線にスチールウールをつけることができるか確かめさせる。

② 鉄粉の代わりにコンパスを配り，コンパスの針を動かす方法を考える。
③ さらに「くぎ」をわたし，磁石になるか確かめる。
④ 「ストロー，針金」をわたし，磁石になるか確かめる。
※実験後には気付いたことを話し合う。

（2）学習課題を作り検証する（7時間）
① 疑問や仮説を発表し，分類・整理し，課題を設定する。
② 課題に対する予想や仮説をたてる。
③ 検証のための実験方法を考える。
④ 実験を行い，課題を検証する。

（3）発展問題に挑戦する（2時間）
・児童の課題には出てこなかった発展的な問題を考える。

（4）電流のはたらきを利用したおもちゃ作り（2時間）

（5）まとめテスト（1時間）

3　研究授業の経過

（1）すすんで課題を見つける過程

探究型の学習では，子どもの疑問が出発点となる。電磁石に十分触れさせることで，疑問や気付きが生まれると考え，第1時～3時までは，実験の時間を確保した。

最初は実験道具を3つに限定した。「乾電池（マンガン電池単1），エナメル線（1m），鉄粉（スチールウールの粉）」である。その後，「コンパス」，「くぎ」，「ストロー」，「針金」を，順に増やしていった。実験道具が増えるたびに，子どもたちは，新しい実験に取り組み，いろいろな方法を確かめながら，多様な体験をすることができた。

実験をしている間に発見したことや疑問は，授業の最後に，紹介し合った。
　子どもの気付きは，次の4つに分けられた。
（ア）電流の流れている導線の周りに磁界が生まれること（導線の近くの鉄を磁化するはたらきがあること）
（イ）電磁石の極に関すること
（ウ）電磁石（導線の周りの磁界も含む）の磁力の強さに関すること
（エ）電流が発熱を起こすこと
　第3時を終えて，子どもたちは，「電流のはたらき」で学習する内容のほとんどに，気付くことができていた。
　ただし，この段階では，子どもが勘違いをしている部分もあった。例えば，「くぎや針金に導線を巻くと，磁石になるのは，くぎや針金に電流が流れたからだ」というものである。ストローに導線を巻いて作ったコイルの中に，針金を入れた場合，針金には，電流は流れない。ストローで絶縁されているためである。くぎに直接導線を巻いたとしても，導線にコーティングがしてあるので，くぎに電流は流れない。
　また，コンパスに電磁石を近づける実験をした子は，電磁石に極があることがわかっていたが，S極とN極が電流の向きによって変わることには気付いていなかった。
　このような，子どもの勘違いやあいまいな気付きも含め，子どもの疑問を，第4時以降の実験で確かめるようにした。

（2）問題解決の見通しを持つ過程

　第4時に，課題作りを行った。
　紙を配り，1枚に1つの疑問やわからないことを書かせた。図で説明することができるものには，図を描くように指示した。
　ただし，疑問を書くだけではなく，自分の予想や仮説も書くようにし，実験で確かめることのできる課題にするように指示した。

Ⅳ 科学的思考力を伸ばす

> A「どうして導線の形によって鉄粉のひきつけられ方が違うのか？」
>   …×
> B「導線の形が曲がっている場合とまっすぐな場合とでは，どちらの磁力が強いか（おそらく曲がっている場合の方が磁力は強いのではないか？）」…○

　この結果，課題がより検証可能なものとなり，具体的につかむことができるようになった。

　このように課題に対して自分なりに予想したり仮説をたてたりすることで，見通しを持たせることができた。さらに，課題を作成した本人でなくても，課題を読めば，どうしたら解決できるのか，どういう結果になるのかという見通しを持つことができた。

　子どもが書いた課題の数は，全部で80個（1人平均9個）であった。

　よく似た課題は子どもが分類・整理した。そうして残った課題は，全部で44個であり，次のように分類された。以下，例を示す。

　【電流の流れている導線には磁界が生まれ，周りの鉄を磁化することに関する課題】→ 20個
　① 導線を曲げたところに，鉄粉がよく付く？
　② 導線の長さで，磁力は変化するか。

【電磁石の極に関する課題】→ 2個
① くぎに電流の流れた導線を巻いて磁石にすると，N極とS極ができるのか。

【コイルに関する課題】→ 13個
① コイルの巻き方で磁力は変わるか
② コイルの形で磁力は変わるか

【電磁石の強さに関する課題】→ 9個
① 導線の太さを変えると，磁力は変わるか
② コイルに入れる針金の数で，磁力は変わるか
③ ストローのコイルに針金を入れたものと，直接針金に導線を巻いたものとでは，どちらが強い磁力があるか。
④ 電池を増やすと，磁力は上がるか。

第5時から10時までの学習で，上記の4つのカテゴリーから，教師が1つずつ課題を選んで検証していくことにした。

選んだ基準は，「学習内容に合っているもの」，「子どもが間違えやすい，勘違いをしやすい問題であること」，である。

（3）解決していく過程

5時から10時までに行った課題は次である。

第5～6時…「導線は，曲がった所と，まっすぐな所のどちらに良く鉄粉がつくのか」

第7時…「コイルの中のくぎの長さと太さで，磁力が違うのか？」

第8～9時…「磁石になったくぎに，S極，N極があるのか」

第10時…「巻き数を増やすと電磁石の磁力は上がるか？」「電流をたくさん流すと，電磁石の磁力は上がるか？」

第5～6時の課題は1つであったが，最初に問題解決の学習の流れをしっかりと押さえるため，2時間の時間をとった。

最初に予想をたて，次にそう考えた理由を発表した。理由が出て，子

Ⅳ　科学的思考力を伸ばす

どもの考えがはっきりした後，ノートに実験方法を書かせた。実験方法を発表し，「条件制御ができているか」を確認した。

条件制御を確認した後，それぞれ実験で確かめる活動を行った。

第6時に，実験の結果を発表し合った。導線の曲がったところの方が，鉄粉がよく引き付けられるという結果になった。

結果が同じことを確認してから，「結果から，わかることをノートに書きなさい。」と指示し，結果の考察を行った。

問題解決の過程を次のように考えると，第5～6時で，一連の問題解決の過程を学習できたことになる。

① 問いをもつ
② 問いに対し，予想・仮説をもつ
③ 実験方法を考える
④ 実験を行う
⑤ 実験結果をまとめる
⑥ 結果を考察する

第10時までに，4通りの問題解決の過程を行ったことになり，子どもたちは，回数を重ねるごとに，自分から進んで，予想し，実験方法を考え，実験をするようになってきた。

第11時と第12時に，発展学習を行った。

第11時に，「導線を巻いたくぎに電流が流れているのか」を調べた。何人かが，くぎに導線を巻くと，「くぎに電流が流れるから磁石になった」と勘違いをしていたからである。

そこで，「直径の大きなコイル（直径5cm）の中にくぎを入れると磁石になるのか。」を調べた。ほとんどの子が，くぎは磁石にはならないと考えていた。導線からコイルまでが離れていたからである。結果は，「くぎは磁石になる」である。

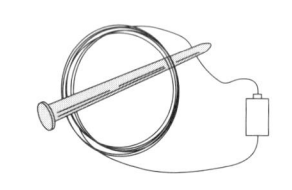

その後で，導線を何重にも巻いたくぎに豆電球をつけてみて，電流が

流れていないことを確認した。くぎに電流が流れていなくても，電磁石になることが証明された。

その後，「くぎに電流を流したときは，流していないとき（普通の電磁石）と比べて，磁力は強いのか弱いのか？」という疑問が生まれた。

そこで，第12時に確かめの実験を行った。

導線をやすりにかけエナメルをはがし，長さ15cmのくぎに巻きつけた。くぎに電流が流れていることがわかるように，豆電球を接続して明かりがつくことを確認した。

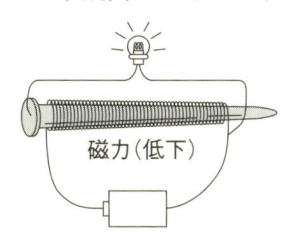

磁力（低下）

実験の結果，電流を流している方が磁力が弱いことが確かめられた。つまり，コイルにするときに，ストローやプラスチックなどの絶縁体を使うのは，電磁石の磁力を強くする意味があることを確認できたのである。

4　研究授業の考察

「電流のはたらき」の学習では，最初にものを使っていろいろと確かめる実験を行い，その後，児童の疑問を課題として解決していくという授業を行った。

その結果，子どもたちは，自分たちの課題を解決するために，意欲的に実験に取り組むことができた。また，問題解決の過程を，課題をかえて何度も経験させることで，実験方法を考えたり，結果を予想して実験を行ったりということが，自然にできるようになった。

子どもの疑問が80個にのぼり，分類・整理しても，44個もの課題があったことから，本研究では，課題を4つの種類にグループ化し，大きく分けて4つの課題を設定することで，対応した。

また，課題を解決していく中で，新たに子どもが調べたいという疑問が生まれたので，発展学習という形で，2時間の中で扱った。

学習を進めていく中で，子どもは，自然現象への自分なりの解釈をしていった。

子どもの認識では，「電流の流れている導線の周りに磁界が発生し，その結果，鉄心が磁化された」ということがなかなか理解できなかった。鉄心に電流が流れたので，磁石になったと考えた子が大半で，その認識はなかなか変化しなかった。直径5cmのコイルの中に鉄心を入れ，鉄心が磁化されるという実験を行い，さらに導線を何種にも巻いたくぎに豆電球をつけて電流が流れていないということを確かめて初めて，「電流の流れている巻き線に直接触れていなくても，鉄心は磁石になる」ことを理解できたのである。

子どもには，子どもなりの解釈があり，子どもなりの疑問がある。子どもの疑問や解釈に沿って，授業を進めていくというのは，自然現象を理解させるうえで有効であったと考えられる。

自分で課題を見つけ，それを検証していくという探究型の学習は，子どもの意欲を引き出し，自分で解決するのだという主体的な態度を養うものであった。また，自分なりに予想・仮説をたて，実験方法を考える活動を繰り返し行うことで，子どもの問題解決能力を高めることができた。

(参考文献：①「審議経過報告」中央教育審議会初等中等教育分科会教育課程部会，2006 ②『理科到達目標に達しない子への支援策5・6年編』小林幸雄著，明治図書 ③『光・音・電流の教材開発と指導のアイデア』松原道男・戸田正登編著，明治図書)

2 実験の連続で素朴概念から科学的な知識まで高める 6年「ものの燃えかたと空気」

　子どもは，生活で得た自分なりの科学の知識をもっている。
　いわゆる素朴概念である。
　しかし，知識の量は，子どもによってかなり異なるし，知識自体の正確性も異なる。
　そこで，学習のはじめに実験をたっぷりと行い，素朴概念から科学的な知識にまで高めていく授業を行った。
　たっぷりと実験させるといっても，単なる自由な実験ではない。
　目的意識をもって行うようにさせる。
　例えば，「ビンの中でろうそくの火は燃え続けるか」を調べるという課題があって，結果を予想した上で，その課題を確かめるために，実験を行うのである。
　課題は，最初は教師が出す。
　子どもが「あれっ？　どうだったかな？」と疑問に思うような課題にすることもあるし，多くの子が正解できる課題を出すこともある。
　実験を行って，課題を解決すると，また，次の課題を出す。
　このようにして，何度か実験を行う。
　すると，子どもから，疑問や，調べてみたいことが出てくる。
　そうなったら，授業は子どもの思考に沿って進められることになる。
　子どもの考えた方法で確かめたり，子どもが導き出した結論を確認したりしながら，授業を進めていく。
　単に，全部の問題を教師が出しているのではなく，子どもの思考の流

Ⅳ 科学的思考力を伸ばす

れや，気付き，疑問を大切にして，授業を進める。

以下，6年「ものの燃えかたと空気」の全授業記録である。

1　実験の連続　〜6年「ものの燃えかたと空気」の導入〜

(1) 学習の基礎技能を教える

6年理科「ものの燃えかたと空気」の導入を，2時間続きで行った。

実験を終えるごとに，ものの燃え方の決まりについてだんだんと理解を深めることができる。

6年生の最初の学習ということもあり，実験の前に，理科室の使い方と，ノートの書き方を説明した。

ノートには，まず，課題を書く。

> **課題　せまいびんの中でろうそくは燃え続けるか。**

その次に，実験方法を書かせた。

① ろうそくに火をつける
② びんをかぶせる
③ ろうそくの火がどうなるか，観察する

次に，準備物。

① 燃えかす入れ，② 集気ビン，③ マッチ，④ ねんど，⑤ ろうそく

さらに実験結果の予想を，次の中から選んだ。

> ① **すぐ消える**
> ② **30秒ぐらいで消える**
> ③ **燃え続ける**
> ④ **その他**

ほとんどの子が，燃え続けると考えた。

何人かは，消えると考えた。少ない人数でも，意見をきちんと言えたことをほめた。

予想まで書けてから，実験を行った。

火を使うので，実験の前に必ず机の上を片付けるように言った。

実験中は，机の上はきれいにしておく。このことも，きちんと教えないとなかなかできないことだ。

さて，結果はどうなったか。

多くの子の予想通り，ろうそくの火は，燃え続けた。

ふたをしていないので，ビンがせまくても火は燃え続ける。

実験の後には，結果を書かせた。

「結果には，今見たこと，今起きたことをそのまま書くのです。」

と説明した。念のために，「結果→『ろうそくの火は燃え続けた』」と板書した。

ここまでで，一通りの実験の流れがノートに書かれたことになる。

（2）いろいろな条件の中での，ものの燃え方を調べる

結果が書けたら，すぐに，次の問題を出した。

　　ビンの口にふたをすると，火は燃え続けるか。

ノートには，実験の図と，予想を書かせた。

火は消えるという予想以外には，「火がもっと燃える」「燃え続ける」などの意見が出た。

結果は，「しばらくすると消える」である。

子どもが，20秒ぐらいで消えたと言っていたので，「何秒で消えたか，計っている人はとってもえらい。数字で表すとわかりやすいです。」

とほめた。そして，全員でもう一度，何秒後に消えるのかを計ることにした。

だいたい20秒～30秒でろうそくの火が消えることがわかった。
さらに次の課題。

> ビンにふたをすると，20秒ほどで火は消える。
> 火が消える前に，パッとふたをとると，火はどうなるか。

これも，実験の図と予想をノートに書いてから，実験を始めた。

ふたをとるタイミングが遅いと，火は消える。しかし，火が少し弱まったときぐらいにふたをサッととると，火は弱まった後，再び力強く燃え続ける。

これが，子どもたちには，楽しかったらしい。何度も何度も，挑戦していた。

ある子は，ふたをうちわのように使い，空気を送って，火を復活させる方法を編み出した。

新鮮な空気を送ると火がまた復活することは，新しい発見だ。編み出した方法は，すぐに広まる。いくつかのグループで同じ方法を確かめていた。

この方法を編み出したところを見ると，この時点で，ものが燃える条件に，何となく気付き始めていることがわかる。

次の実験の課題。

> ろうそくを2つに増やすと，ろうそくが1本のときと比べてどうなるか。

先ほど，ろうそくが1本のときに，20秒ぐらいかかって火が消えることがわかっている。

今回は，どうなったか。

なんと，10秒程度で消えてしまう。

かなり速いという印象である。ここで面白いことに気付いた人がいた。

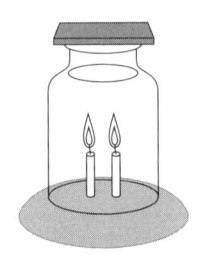

背の高いろうそくの方が速く火が消えるというのである。
確かめてみると，確かに，背の高い方の火が速く消える。
「どうして〜??」とみんな不思議そうにろうそくを観察していた。
ろうそくを2本にしたら，1本のときよりも速く消えることがわかった。そこで，今度はろうそくを3本にすることになった。

> **ろうそくを3つに増やすと，ろうそくが2本のときと比べてどうなるか。**

しかも，3本目のろうそくは特大サイズを用意した。

特大ろうそくを出すと，子どもから驚きの声が上がった。

大きなろうそくを用意するというちょっとした工夫で，実験は楽しくなる。

ここまで，何度も同じような実験をしてきているので，子どもの予想は，ほとんどが，「2本のときよりも速く消える」だった。中には，「威力が強いものほど，速く火が消えているように見えるので，特大ろうそくが一番最初に消える。」と，今までの学習を踏まえた予想を書いている子もいた。

同じ手順で実験をしているので，ノートを書くスピードも，1時間目と比べて格段に速くなってきた。

実験方法（実験図）を描いて，予想して，結果を書く。理科の実験の流れをつかめたようである。

しかも，予想がだんだんと高度なものになっている。

ろうそく2本の実験のときに，「燃え続ける」と間違った予想をしていた子が，「火は消える」「特大ろうそくの火から消える」と予想できていた。

結果を予想し続けることは，思考状態を生む。

自分なりに考え，正しい結果を予想することができるようになってきたのである。つまり，ものの燃え方に対して，ある程度科学的な見方ができるようになってきているのだ。

実験して確かめてみると，さっきまで大きな炎を上げて燃えていた太いろうそくの火が，あっという間に小さな炎に変わった。そして，数秒で，ろうそくの火は消えてしまったのである。

火の消えるあまりのスピードに，子どもたちは声をあげて驚いた。

（3）おまけの実験であと一歩の詰め

おまけの実験も1つ行った。

ビンの中のろうそくの長さの違いで，火が消えるスピードが違うことに子どもが驚いていた。

2本のろうそくで確かめると，何回やっても，長い方がすぐ消える。

おまけで次の実験をした。

「長さの違う4本のろうそくを燃やすとどうなるか」である。

ただし「ふたはしない」ことにする。これは意見が分かれる。

まず，消えないと考える子と，消えると考える子が出る。ふたがあいているからである。さらに，消えるという子も，下の方から消えていくと考える子もいれば，上の方から消えると考える子もいる。

条件によっても違うが，結果は「しばらくして半分だけ消える」であった。

しかも，このときは，1番背の低いろうそくから消えた。

子どもたちは，予想外の結果に驚いたようであった。

これで，2時間の授業で，6つの実験を行ったことになる。かなりの実験の数である。

最初の方の実験で，予想が合うかどうかは，あまり重要ではない。

最終的に，自分なりの考えをもって，予想できるようになることが大切だ。

2時間続きの導入で，ものの燃え方の決まりにだんだん気付くことができた。そして，不思議なこともたくさん見つかった。

2 ものが燃え続けるために必要はものは何か？

（1）実験の連続で気付いたことや疑問を出し合う

6回の実験を終えて，3時間目の授業。
前回の実験のことを振り返った後，次のように聞いた。
「これらの実験をしてみて，気付いたことをノートに書きなさい。」
実験をして気付いたことは，何を書いてもいいことにしている。
わかったことでもいいし，思ったことでいいし，疑問や仮説でもいい。学年始めの時期は，まずたくさん書くことができるようになることが大切だ。
次のような意見が出た。
① ろうそくの火が消えたのは，空気がなくなったからかな。
② ろうそくが3本の時に，先に2本が消えて，その後にしばらくしてから1本が消えたのは不思議だなあと思った。
③ なぜふたをしなかったら火が燃えるのに，ふたをしたら少し経って火が消えるのかな。
④ 2本だったらなぜ別々に消えるのかな。
⑤ ろうそくの大きい方がなぜ速く消えたのかな。
⑥ ろうそくを2本にしたら火が消えるのが速いのはなぜか。
⑦ ふたをしていて，消えそうになった火に，空気をあおいだら，火が復活した。
⑧ ふたをしていて，火が消えそうになったときに，ふたをとると，また火がついた。
⑨ 口を全部ふさがずに，ちょっとだけ空けると，どうなるのかな。
⑩ 火は，空気が入らないと，消えるのかな。

⑪ 火が強いと，ふたをしても火は消えにくいのかな。
⑫ ろうそくを増やせば増やすほど，火が速く消える。

（２）ものが燃えるために必要なものを確認する

気付いたことを発表してもらった後に，尋ねた。

「ものが燃えるのには，何が必要ですか。ノートに，『ものが燃えるのには，○○が必要だ。』と書きなさい。」

ほとんどの子が手を挙げた。

「新しい空気」「ビンの外の空気」などの意見が出た。

いい意見だとほめて，「ものが燃えるには，新鮮な空気が必要だ」ということを確認した。

次に，本当にビンの中に新しい空気が入っているのかを確認した。

線香の煙がビンの中に吸い込まれれば，外にある新鮮な空気が入っていることがわかる。

これは，私が実験をして見せた。

線香の煙が見えやすいように，黒の画用紙などを背景にするとよい。

全員，息を吐き出して煙の方向を変えないように，口を押えている。線香の煙に注がれる目，目，目…。

ろうそくの火が消えているときに線香の煙に変化はない。

これをまず押さえておかないと感動が薄れる。

火がついていないときには，線香の煙はただ上に昇っていくだけである。しかし，ろうそくに火をつけると，煙は集気ビンの中にどんどん吸い込まれていく。

子どもたちは「すごい！」「本当だ！　新しい空気が入っていく！」と，驚いていた。

そして，火を消すと，また煙は上に昇るだけになる。

ものが燃え続けるところには，新しい空気が

ビンの中に入っているのだということがわかった。

(3) 子どもから出た疑問を解決する

この後，気付いたことの中で，次のような意見が出ていたので，さっそく確かめることになった。

> ビンの口を全部ふさがずに，半分だけ空けると，ろうそくの火は燃え続けるのか。

これは簡単に，予想を聞いてすぐに実験をした。
ろうそくの炎は消えると考える子と，燃え続けると考える子の半々だった。
結果はというと，時間とともに火は弱くなっていき，40秒ぐらいで火は消えた。
もう1つ確かめた。

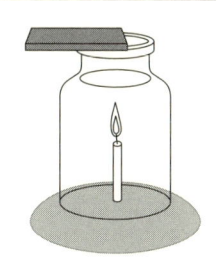

> ビンの上だけでなく，下の粘土の部分も少し空けると，ろうそくの火は燃え続けるか。

これは，この授業のメインの実験なので，実験図と予想を描いてもらった。この実験も，意見が半々に分かれた。
結果は，燃え続けるである。
線香の煙で，空気の流れを確かめると，確かに，外の新鮮な空気がビンの中に入り込んでいるのがわかった。
ものが燃えるためには，新鮮な空気が必要だ。
これを実験によって確かめることができた。

Ⅳ　科学的思考力を伸ばす

3　ものを燃やす気体は何か？

（1）空気の成分を知る

「ものの燃えかたと空気」4時間目の授業。

今までの実験で，ものが燃えるためには，「新鮮な空気」が必要なことがわかった。そこで，今度は，ものを燃やすのは，空気のどの成分かを調べることにした。

最初に，空気の成分には，どんなものがあるかを教えた。

温暖化の原因となる二酸化炭素のことや，酸素などの成分は子どもたちもよく知っていた。ただ，では二酸化炭素って何ですか？　と聞かれると，よくわからない。

そこで，空気の成分となっている気体の性質について簡単に説明をした。

例えば，二酸化炭素というのは，息を吐いたら出るもの。車を走らせても出る。今話題の，温暖化の原因となっているもの。ケーキを買うと入っているドライアイスは，二酸化炭素を凍らせたものであること，などを説明した。

窒素は，ヘアスプレーなどに含まれていることを話した。

そして，空気中の気体の濃度を教えた。

酸素と窒素，二酸化炭素の中で，最も多く空気に含まれるものはどれかを尋ねた。予想は，子どもによってバラバラになった。

1番多く含まれるのは窒素だと教えると，子どもたちは驚いていた。多くの子が，酸素が1番多いと考えていたからだ。

窒素約78％，酸素約21％，二酸化炭素0.03％と黒板に書いた。

空気中の気体の成分を実感させるためモデル図を描いた。

それぞれの気体を○で表し，いくつぐらい○が含まれているのかをノートに描かせた。窒素は，78個の○，酸素は21個の○という具合であ

る。
　「二酸化炭素は，100個中1個もないのです。」と言うと，「二酸化炭素って少ないんだな！」という声が聞こえた。
　温暖化の原因となる二酸化炭素が，空気中には意外と少ないことに驚いたのであろう。モデル図で示すと，よくわかる。
　二酸化炭素が少なく，酸素が多くあることをモデル図で実感させたのは，後で行う気体の濃度を調べる実験の布石となる。

（2）ものを燃やすはたらきがある気体

> **ものを燃やすはたらきがあるのは，どれか？**

① 窒素　② 酸素　③ 二酸化炭素　④ 全部　から選んで予想させた。
窒素と考える子と，酸素と考える子が多かった。
教科書の実験手順を実験のノートに書いた。
結果がどうなのかが大切なので，実験は教科書通りに行うことにした。
水槽いっぱいに水を入れる。水を満たした集気ビンを，水中でさかさにして立てる。7〜8分目まで気体を入れ，水を残したままふたをして取り出す。
　そして，集気ビンにろうそくを入れる。まずは，窒素から確かめた。
　「空気中にもっとも多く含まれるものが窒素です。」と念を押した。
確かめると，ろうそくの火は，ビンに入れた瞬間，すぐに消える。
火が消える速さに子どもたちは驚いていた。
　次は，二酸化炭素。これもやはり，ろうそくの火をビンに入れた瞬間に消える。
　そして最後に，酸素である。
　「燃えてくれ〜！」と祈るように見つめる子どもたち。
　2回ともろうそくの火がすぐに消えてしまったので，今度こそはと祈っている。

Ⅳ　科学的思考力を伸ばす

　酸素が入った集気ビンの中にろうそくの火を入れると…，火がはげしく燃え始めた。ビンの中はとても明るくなる。「すごい！」と驚いていた。
　さらに，ろうそくの火以外のものでも確かめた。
　ダンボールや，木，布など燃やして，酸素が入った集気ビンに入れる。すると，炎を上げながら燃える。
　おもしろいのが，線香である。
　線香は，空気中では薄赤い炎で静かに燃えているが，酸素の入った集気ビンに入れると，「ポンッ！」と音を立てて燃え始める。
　圧巻は，スチールウールの燃焼である。空気中でスチールウールを燃やすと，静かに燃える。火はほとんど見えない。しかし，酸素の入った集気ビンに入れた瞬間，火花を散らしながら激しく燃え始める。「花火みたいだ！」と子どもたちは驚いた。
　ものを燃やすはたらきがあるのは，酸素だけということを押さえた。

4　ものが燃えた後に増えた気体は何か？

（1）ろうそくの火が消えた後に増えた気体を調べる

　前の授業で，ものを燃やすはたらきがある気体は，酸素だということがわかった。今回の授業では，ものが燃えた後に，二酸化炭素が増えることを学習する。学習の時間は，2時間。
　実験を思い出させるために，最初に演示実験をした。
　ビンの中でろうそくを燃やし，ふたをする。すると，しばらくして火は消える。

次のように聞いた。
「火の消えたビンに、もう一度火のついたろうそくを入れると火はどうなるか。」
子どもたちの意見は次の通り。
① さっきと同じぐらい燃えてから消える
② さっきよりも、短い時間で消える
③ すぐ消える

実験をして見せると、ろうそくの火は、ビンに入れた瞬間すぐに消えた。
「1度ものを燃やした後のビンの中の空気では、ろうそくを燃やすことができません。」

| 空気の成分のうち、減ったものは何ですか。 |

これは、すぐに答えが出た。「酸素」である。

| ろうそくが燃えた後、増えたものは何ですか。 |

温暖化の問題を勉強していたので、「二酸化炭素」という意見が出た。
「実は、二酸化炭素があるかどうかを調べるためにいいものがあるのです。」
と言いながら、石灰水を取り出した。
「これは、石灰水というものです。運動場のラインを引くための白い粉に同じような成分が含まれています。畑を耕すときに、石灰をまいたことがありますが、あれを水に溶かしたものだと思ってください。」
このように言うと、石灰水という未知なる液体が、身近なものに感じ始める。
「今は、透明です。ですが、二酸化炭素を含むと、色が変わります。」
二酸化炭素のボンベで、石灰水に二酸化炭素を含ませた。
すると、みるみるうちに、白くにごった。

「このように，二酸化炭素のあるところでは，白くにごります。」

そして，実験を始めた。実験の課題，方法，準備物をノートに書かせた。

ろうそくを燃やす前に，1度振ってみるように指示した。

空気の中には，二酸化炭素はほとんど含まれていないので，白くにごらない。

その後で，ビンの中でろうそくを燃やした。

しばらくすると，火は消える。火が消えた後に，ビンを振ってみると，石灰水は白くにごった。

ある程度，予想がついていても，実際やってみると，感動する。

（2）ろうそく以外でも，二酸化炭素は増えるか

さらに，もう一歩の詰めを行った。

「さて，最近，地球温暖化が大問題になっています。原因は二酸化炭素です。二酸化炭素が増えると，気温が上がるのです。」

次のように，黒板に書いた。

「どんなものを燃やすと二酸化炭素は増えるのだろうか。」

ろうそくを燃やすと，二酸化炭素は増えた。

ほかにどんなものを燃やすか。教科書には，布や紙と書いてある。

さらに次のものを用意した。

「衣服，ビニール袋，木，木炭，石炭，重油」

石炭や重油は，エネルギー教育の教材で購入したものを利用した。

子どもたちが驚いたのは，「石炭」と「重油」である。

これは，初めて見る子がほとんどだった。

石炭は，大昔の植物の化石。昔の機関車が走るときの燃料だと説明した。木炭と違い，表面がつるつるして光っている。

重油は，大昔のプランクトンの死がいだと説明した。

石炭は，火がつきにくいので，ビンの中に酸素を混ぜるとパチパチと

音を立てながら，よく燃える。重油は，燃焼さじに入れて，燃やす。重油の量が多いと，かなり燃えるので，少量でよい。

　これらの全てを燃やすと，二酸化炭素は増えることがわかった。
　「これらのものに共通することは，何でしょうか。」
　わからなかったので，ヒントを出した。
　「紙は何からつくるか？」「石炭は？」というように聞いていった。
　共通することは，どれも生き物からできていることだ。
　「生き物からできたものを燃やすと，二酸化炭素が増える」というようにまとめた。

5　ろうそくが消えた後の空気の成分は？

　いよいよ最後の実験，2時間の授業である。
　ものが燃えた後の空気には，どれぐらいの酸素や二酸化炭素が含まれているのかを調べた。
　まず，密閉されたビンの中でろうそくを燃やす。
　ろうそくの火が消えたら，ビンに気体検知管を差し込み，酸素の量と二酸化炭素の量を測定する。
　この実験では，気体検知管が使えなくてはならない。
　そこで，実験する前に，気体検知管の使い方を練習した。
　ガス採取器に差し込むガラスの検知管は，使用期限がある。
　使用期限が切れたものを，練習用として使用する。
　まず，気体検知管の使い方をノートにまとめさせた。
　その後で，気体検知管を一度使って見せた。
　ノートに使い方を書き，実験をやって見せても，できない子が何人かいる。
　そこで，最後は，私がチェックした。合格をした子には，他の人のやり方が正しいか見るように言った。

チェックまでして，やっと全員が使い方を理解できた。

> **ものが燃えた後のビンの空気に酸素は残っているだろうか。**

ほとんどの子は，酸素は残っていないと答えた。

しかし，気体検知管で調べてみると，酸素が17％程度も残っていることがわかる。これには，子どもたちもびっくりである。

二酸化炭素の量を調べてみると，3％ほどに増えている。

なぜ，こんなにも酸素が残っているのに，ろうそくの火は燃えないのか。

火が燃えるというのは，酸素がちょっと減っただけでもできなくなるぐらい，はげしい活動なのだというように説明した。

実験を繰り返していくうちに，だんだんと科学的な認識が養われていくことがわかった。最初にたくさんの実験をすることで，今まで思っていたことが間違いだということがわかったり，新しい発見をしたりしていた。子どもたちは，多くの実験から科学的な知識を学ぶことができたと思う。

3 条件の統一ができるまでにも指導がいる

1 実験にどのような条件の統一が必要か

5年生の重点目標に,「制御すべき要因と,制御しない要因とを区別しながら,観察,実験などを計画的に行っていく資質・能力を育成すること」がある。

5年「植物の発芽と成長」では,発芽に何が必要かを調べる実験を行う。教科書には,発芽の条件として,「水,空気,温度」が必要かどうかを考える授業展開となっている。

しかし,児童の中には,「日光,肥料」も発芽の条件として必要だと考えている子がいる。

その場合,「水,空気,温度,日光,肥料」の5つについて調べることになる。

5つの条件について調べることになった私のクラスでは,次のことが問題となった。

> 発芽に水が必要かどうかを調べるときに,肥料は両方に与えるべきかどうか?

① 両方肥料を与える
② 両方肥料を与えない
③ Aだけ肥料を与える

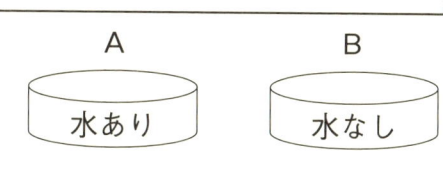

A 水あり　　B 水なし

④ Bだけ肥料を与える

　教科書は,「水,空気,温度」の3つの条件で調べることになっているので,肥料を与えるかどうかということはどこにも書いていない。

　自分の頭で,肥料を与えるべきかどうかを考えなくてはならないわけである。

　教科書を前もって見ていた子や塾で学習をした子は,肥料は必要ないと考えている。しかし,参考書や教科書に肥料のことが書かれていなかったというだけで,根拠は弱い。

　一方,先入観が何もない子は,必死になって考えている。

　こういった教科書に答えの載っていない問題は,思考力を鍛える上で,大変よい。

　児童の意見は,①の「両方与える」と,②の「両方与えない」の2つに分かれた。中には,③,④の意見もいたが,「条件の統一になっていない」ということで反論が出て,なくなっていった。

2　ほんのちょっとしたことでも原理を探らせる

　「条件の統一」という点から考えると,①も②も条件の統一になっている。

　両方肥料を与えると考えた子の意見は,「肥料は発芽に必要だから」と理由を述べた。

　両方肥料を与えないと考えた子の意見は,「肥料はあげなくても,発芽には影響しないから」と理由を述べた。「教科書に肥料は発芽に必要ないと書いてある。」という意見も飛び出していた。

　両方に肥料を与えていても,与えなくても,どちらも,条件が統一されているのだ。

　いったい,どうすればいいのか。

　子どもたちは悩んでいた。

単に条件を統一すれば，実験がうまくいくということではない。いろいろな場合を考えて，どういうふうに条件を統一すればよいのかを考えることは，「条件を統一」という5年生の実験技能を学ぶ上でとても大切なことではないかと考える。

子どもの意見をある程度聞き，意見が出なくなったところで，私は，次のように言った。

「肥料のことは置いておきましょう。」
「ところで，『水』は与えるのですか。」　児童「両方与える。」
「空気は，与えるのですか。」　児童「両方与える。」
「ある程度の温度は与えるのですか。」　児童「？？」
私「あれ？　温度を与えないと全部冷蔵庫に入れないとダメだな。」
児童「両方与える！」
「では肥料は与えるのですか？」　児童「あれ？」
「肥料は両方与えた方が，どちらかというといいわけです。その理由を書きなさい。」

この問題は，低位の子にはかなり難しいものであった。

できる子は，しばらく考えて「あっ，わかった！」と理由がわかっていたようだったが，ほとんどの子は，理由を書けないか，書けても見当違いのことを書いていた。

理由をきちんと説明できた子の書いた意見は次の通りである。

- **両方あげなくて，芽が出なかったら，実験にならない。片方あげて，片方あげなかったら，肥料のおかげで芽が出るかもしれないから。**
- **AとBにあげなかったら，育たないかもしれないし，それだったら実験にならないからです。**

「条件の統一」という実験のやり方を学ぶ上ではどうして肥料を両方にあげなくてはならないかを話し合うことは大変意味があったと考える。

38人学級でこの発問を行ったところ，満足な理由が言えたのは，5

Ⅳ　科学的思考力を伸ばす

人程度である。

　この場合は，発芽の条件として考えられるものを，最初に「水，空気，温度，日光，肥料」の5つと考えて実験を始めている。肥料を発芽の条件として考えている場合には，肥料を与えないといけないわけである。

　このときは，日光も発芽の条件と考えていた。

　ということは，日光以外の条件を調べるときには，どちらの種子にも日光を当てなければならないことになる。

　しかし，困ったことに，適当な温度が必要かどうかを調べる実験では，片方を冷蔵庫に入れなくてはならない。冷蔵庫に入れるのだから，日光を当てるわけにはいかない。

　冷蔵庫に懐中電灯などを入れるという手も考えた。

　結局，日光の実験の結果を見て，日光が発芽の条件なら，当てることとした。

　また，「冷蔵庫に入れた種と，常温で箱に入れた種を比べ，両方とも発芽しなかったら実験が失敗したということにする」ことで落ち着いた。

　「なぜ条件を統一するのか？」と，当たり前と思えることでも，もう一度改めて考えさせることで，子どもがさらに理解を深めるということがある。子どもは，教師が思っているほど，本当にはわかっていないものである。

　「どのように条件を統一するのか」と考えることと，「なぜ条件の統一が必要なのか」を考えることは，別である。

　条件の統一方法がわかっていても，なぜ条件の統一をするのかがわかっていない子がいる。

　また，なぜ条件を統一しないといけないかがわかっている子も，「肥料を両方に与えるべきか，否か」には答えられないことが多くある。

　子どもが表面的に理解している場合，もう一歩のつっこみを教師が入れて，考えさせるという場面をつくりたい。

4 結果から結論を考察する力を養う

1 結果と結論は分けて考える

理科の実験では,「結果」と「結論」を別々にノートに書かせている。

結果はあくまでも,「実験の結果」というだけである。実験をして,起きた現象や数値をそのままノートにまとめればよい。

しかし,結果から,結論を導き出すためには,「解釈」が入らなければならない。

現象や数値に意味を与えるのは,実験をした人である。

「実験の結果」→「解釈」→「結論」となる。

実験の結果は正しくても,結論が正しくないということはよくあることである。主観で結果を出すのではなく,できるだけ客観的に見て適当だと思える結果を出すことが大切である。

子どもに,結果と結論を分けて書きなさいと指示しても,いきなりは書くことはできない。

やはり,教師の指導が必要なのである。

結果のとらえ方を教えるために,以下の授業を行った。

2 結果からどういうことがわかるか

発芽の条件を調べる実験で,次のように聞いた。

Ⅳ　科学的思考力を伸ばす

「実験の結果が，もし，次のようになった場合，何がわかるか？」

予想される実験結果を黒板に書き，そこから何がわかるか，結論を考えさせた。

「実験の結果ケース①」

「この実験から何がわかるか？」

○発芽した　　　×発芽しない
A　　　　　　　B
水あり　　　　水なし

【子どもの意見】

・種子が発芽するには，水が必要である。

・発芽に水が必要。

これは，クラスのほとんどの子が，考えることができた。

ここから，だんだんと難しくなっていったようであった。

「実験の結果ケース②」

○発芽した　　　○発芽した
A　　　　　　　B
水あり　　　　水なし

【子どもの意見】

・水は発芽の条件にはならない。

両方発芽しているのだから，水は特に必要ないということがわかる。

「実験の結果ケース③」

×発芽しない　　○発芽した
A　　　　　　　B
水あり　　　　水なし

【子どもの意見】

・種子が発芽するには，水は，やってはならない。

・発芽が発芽するには，水はなくていい。

・種子が発芽するには，水をやると育たない。

・水をあげてはいけない。

・種子が発芽するには，水がいらない。

何人かは，混乱していた。

発芽には水が必要だと思い込んでいる子ほど，自分が予想していない結果になったときに，どういう結論を導き出せばいいのか，悩んでいたようである。

さらに，難しいのが次の場合である。

どちらも発芽しないという実験結果になったとき，この結果から何がわかるのかということである。ほとんどの子が，意見を書けなかった。

書けた子は，次のような結論を導き出していた。

「実験の結果ケース④」

【子どもの意見】

① 水以外の発芽に必要なものが欠けているかもしれない。

② 発芽に水は必要ではない。

        ×発芽しない   ×発芽しない
           A   B
         水あり   水なし

どちらの結論がよいかを話し合わせた。

すぐに，②の意見は，おかしいということになった。

もしも，この実験で発芽に水は必要ないことがわかるなら，Bが発芽していないと変だというわけである。

それでは，①の意見はどうか。

これは，とてもいい意見だとほめた。

どちらも発芽していないというのは，実験の仮説である「発芽に必要な条件」が間違っていた可能性がある。もっと別の何かが，発芽に必要で，その必要なものを欠いたまま，実験をしてしまったのかもしれない。

または，実験が失敗している可能性を考えなくてはならないことを話した。

失敗した可能性のある実験結果からは，何も結論を出してはいけないが，「実験が失敗した可能性がある」，または，「最初の仮説が間違っている」ということがわかるというように説明した。

結果を客観的に解釈して，結論を導きだせるような資質を育てるためには，何度も指導を続けなくてはならない。結論が分かれた場合は，どの結論が客観的に見て正しいのか討論をするという方法もある。

結論を自分の力で導くことができる力を育てたい。

Ⅳ 科学的思考力を伸ばす

5 本当にわかるまで追究させる

「わかっているつもり」という言葉がある。

何となくわかっていても，よく考えると本当にわかっているとは言えない場合である。

授業が終わった時に，わからないことがもっと増えたということが有り得る。

「わからないことが，わかった。」という状態である。

わからないことが増えると，調べてみようという気になる。

もっと知りたい，本当に理解したいと思うようになる。

例えば，以下の問題に，何人の子どもが答えられるだろうか。

1　水は汚れていると言われているが，水が汚れている状態とはどういう状態を言うのか

2　水が汚れていると言うのは，雨も，海も，川も，池も，雲も，全部が汚れているのか

水が汚れているということを1つとっても，わかるまではなかなか難しい。本当にわかるようになりたい子は，謙虚な子である。すぐにわかったという子ではなく，もっと知りたい，本当に理解したいと思える子どもに育てたい。

1　6年「人とかんきょう」で追究させる

わかったつもりと，本当にわかることには，相当の開きがある。

5 本当にわかるまで追究させる

　実験をして，教科書をしっかり読んで，わかったと思っても，よく考えるとわからないということが起こる。
　問題の本質まで，追究をしていないからである。
　本当にわかるまで，しつこく調べていくうちに，思考状態が生まれ，その結果，考える力が身に付くと考えている。

（1）人に必要な水が汚されている

　理科「人とかんきょう」の授業で，まず人に必要なものを考えた。
　「今から宇宙の別の星に行くとします。1か月生活するとして，もっていくものを書きます。ただし，3つにしぼってください。」
　子どもたちは口々に「ええ〜。」と言っている。
　宇宙服や，家などの意見が出た。宇宙服がないと，寒くて困るというわけである。
　「もうこれだけはないと困る」というものに絞っていくと，「水，空気，食料（動物・植物）」の3つに絞られた。
　「水は，生活のいろいろなところで使われます。どういうときに使われますか。」
　車を洗うとき，食器を洗うとき，飲むとき，農業，工業，生き物を飼うときなど，いろいろと出された。
　「水が汚れていると言われています。何が原因で汚れているのでしょうか。」
　酸性雨が原因だとか，工場の煙が悪いという意見が出た。

（2）水の循環を押さえる

　「水はどこからやってきますか。」
　こう聞くと，急に顔が生き生きとしてきた。
　あれ，そういえばどこから来るんだろう？　という感じである。
　みんなは海の近くだから，この辺だね，と海の絵を描きながら説明し

た。

　海に流れ込む「水」はどこから来たかを聞くと,「川」だと言う。
　黒板に, 海と川の絵を描いた。
　「川は場所によって名前があるよね。」と言うと,「下流」,「中流」,「上流」の3つが出た。
　さて, ここから少しあやしくなってきた。
　「上流の水はどこから来たのか。」である。
　木から水が出る, 山から水があふれる, 雨が降ってそれが流れるなどいろいろと出た。
　上流の水は, 雨から来るということになって, 次のように書いた。
　「海←下流の川←中流の川←上流の川←雨」
　さらにつなげていくと, 次のようになった。
　「海←下流の川←中流の川←上流の川←雨←雲←海からの水蒸気」
　ここまでは, すでに4年生の理科で学習済みである。海から海へ水が循環していることを押さえた。

（3）水の汚れている場所はどこか

　「水が汚れていると言われています。ではどこの水が汚れているのですか。」
　これが, かなり意見が分かれることになった。
　酸性雨のことを言っていた子は, 雨自体が汚れているから, 全てが汚れているんだと考えた。
　反対に, 上流の方はきれいだと考える子もいた。
　またある子は, 蒸発した水蒸気はきれいだと考え, 雨になって降り落ちるときに, 工場の煙などで汚くなって, 酸性雨になるのだと主張していた。
　「水が汚れている」ということはよくニュースで言われているので, 全員が知っていた。しかし, どこが汚れているのか, と改めて問われる

と意見が分かれるのである。もちろん，工場が多いところと自然が多いところでは，条件が異なる。

　そのあたりを子どももよくわかっていて，場所によって，きれいなところと汚いところと決めつけるのは難しいという意見も出ていた。

（4）そもそも水の汚れとは何か
　話し合っているうちに，「汚れ」とは何を示すかが問題となった。

　諸説入り乱れて，「汚れとは，微生物が多いことだ（赤潮など）」と主張する子がいれば，「けものが上流でふんをしたら川が汚れたというのだから，ふんがあると汚れたと言っていいと思う。」と言う子もいる。他にも，

　「台風なんかで，水が茶色くなって，にごることがあるが，あれも汚れだ。」

　「洗濯で使った水を流すと，洗剤で川が汚れたことになると思う。」

　「工場から出る水銀などの有毒なものが汚れだ。」

などの意見が出た。

　動物のふんは確かに汚いが，自然にとってはよい影響なのではないかという意見や，微生物がいるのは自然のことだという意見，水がにごるのも自然のはたらきだという意見が出されて，だんだんと汚れの定義が見えてきた。

　結局，水の汚れの定義は，次のようになった。

　「人が水を使って，自然とはちがった状態にしたもの」である。

　つまり，人の手が加わって，自然とは違った状態になったことを汚れということにした。

　汚れを測定するためのパックテストの説明もした。

　たった，汚れの定義をするのでさえ，結構時間がかかった。

Ⅳ　科学的思考力を伸ばす

（5）調査を行う

「水はどの時点で汚くなるのか。」を調べにいく計画を立てた。
大きく分けて、次の意見が出ていた。
① 全部汚れている。
② 水蒸気～上流はきれいだが、中流ぐらいになると汚くなる。
③ 水蒸気だけがきれいで、あとは汚い。

果たして、結果はどうなのか。

幸いにも、学校のすぐそばには海や山があり、工場があり、家があり、自然がある。一体どうなのか、頭で考えた後は、事実を調べる。事実を知り、もう一度考えてこそ、「本当」にわかったと言えると思う。

「工場に近いところ」、「海に近いところ」、「上流から中流部分の川の水」など全部調べないとダメということになった。

また、汚れた水を蒸発させて、水をつくる実験も行った。

実験の計画を立てた後、さっそく水集めが始まった。

最初に海の水を採取した。少し茶色がかっている。砂浜があり、かつては泳いでもよかったそうなのだが、今では遊泳禁止になっている。子どもたちは潮干狩りのときだけ、砂浜に来ているのである。

次に、海に近い下流域の川の水を採取した。

その後、平野部分の中流域にあたる川の水を、中学校の横の用水路からとった。子どもの話では、どちらの水も、生活で使ったものが流れているという。だから、かなり汚いのではないかということであった。

空き缶や、汚れたビニー

ル袋の切れ端などが川に落ちていたので，確かに汚いという感じはした。水自体は透明度があったので，「本当に汚いの？ 透き通っているけど。」と聞いてみた。

すると，子どもたちは，今まで採取した水の透明度を比べ始めた。透明だと思っていたものでも，比べてみると違いがはっきりする。意外と汚れていることがわかるのである。

（6）パックテストで水の環境地図を作成

水が集まったら，水質検査のパックテストを行った。
化学的酸素消費量（COD）で調べた。
この数値が大きいほど，水中の有機物の量が多いことがわかる。
つまり，水が汚れているということになる。
結果は，上流部分がきれいで，家から出された水が流れているところからだんだんと汚くなり，最後の海のそばの水門では，汚さが最高レベルになった。また，工場の近くや，家や店の多いところほど，水が汚れていることがわかった。

水の蒸留実験も行った。4年生のときに学習した，水を沸騰させて水蒸気にした後，再び水に戻す実験がある。汚れた水を蒸留すれば水だけがいったん水蒸気になって，水に戻すことができ，きれいな水になると子どもたちは考えた。

ビーカーに，汚さが最高レベルだった液体（下流の水）を入れ，アルコールランプで熱した。液体が蒸発し始めて，しばらく経ってから火を消した。

しかし，実験結果から，子どもたちの仮説は否定されてしまった。

Ⅳ　科学的思考力を伸ばす

　出ていった水蒸気自体は水なので，きれいなのだが，蒸発した後，集めた液体が汚れていないかと言えば，そうではない。
　蒸発した気体を集めて液体に戻したものをパックテストしたところ，かなり汚れていることがわかった。
　酒を同じ方法で熱し，出てきた気体を液体に戻すと，水だけでなくアルコールも含まれている。酒を蒸留したときと同じで，水よりも沸点の低い液体が混ざっていたようで，気体から液体に戻したときに，水と一緒に汚れも混ざったらしいのだ。
　行き詰まったら，教師の出番である。
　次のようにまとめた。
　ビーカーに残った液体を調べてみると，さっきよりもさらに汚れがひどくなっている。これはつまり，水蒸気として水が出て行ったために，ビーカーに残った溶液がもっと汚くなったと考えられる。
　汚れた液体に含まれている水が蒸発して水蒸気になると，きれいな水になる。しかし，蒸発した気体を集めた液体は汚い。
　蒸発した気体は水だけでなく，いろいろな液体も同じように蒸発している。実験中，いやな臭いがしていたが，あれは他の液体が気体になっているためだ。
　このように説明した。
　子どもは調べていく中で，水をいったん汚してしまうと，とりかえしのつかないことがわかったようである。
　その後，発展学習として世界の水の様子や，水をきれいにする技術の紹介を行うとさらに学習を深めることができた。
　水のこと１つにしても，本当にわかるまで追究させると，授業がもっと深まると思う。

V

おもしろエピソードを語る発展学習

Ⅴ おもしろエピソードを語る発展学習

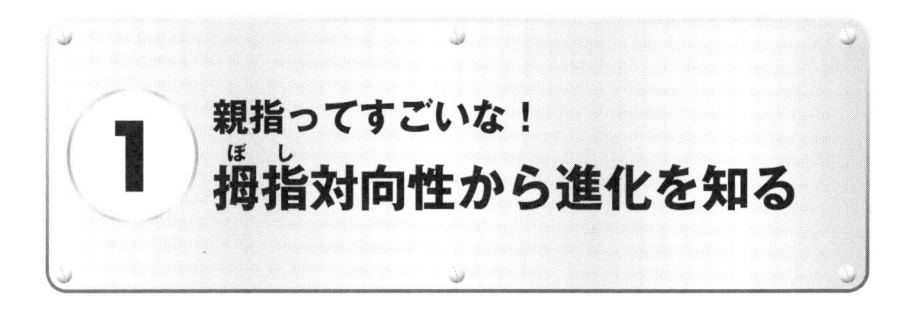

1 親指ってすごいな！
拇指(ぼし)対向性から進化を知る

1 理科のおもしろエピソードを授業しよう

　理科のおもしろエピソードを語る授業である。
　理科には，いろいろな不思議がある。理科の不思議を子どもに教えると，「そういうことか！」「そんなこともあるのか！」と感動が生まれる。
　理科に興味をもたせるため，発展学習で，理科のおもしろさに触れることのできる授業を行った。
　理科が苦手という子や，普段授業に集中しにくい特別支援を要する子も，理科のおもしろエピソードを語る授業はおもしろいと言って，楽しみにしていた。
　「今日は，理科のおもしろエピソードを紹介します。」と言うと，「やった！」という子どもの大合唱が聞こえるまでになったのである。
　実際の授業の発問と指示，子どもの反応を紹介する。

2 進化を楽しく教えるために——親指の不思議を授業する

（1）動物によって発達したところがあることを知る

> ピラニアです。ピラニアの特徴は何ですか。

　写真を提示する。体が細い。歯がぎざぎざになっている。体の色がき

1 親指ってすごいな！ 拇指(ぼし)対向性から進化を知る

れい，血のにおいに寄ってくる，などの意見が出た。

> 肉食のピラニアは，他の魚や甲殻類を食べ続けていたので，歯がするどく発達しました。

写真を拡大して，歯の形を示した。あまりにするどい歯に，「こわいー。」という声があがった。

> 馬はどこが発達したのでしょう。

馬の写真を提示した。「脚」という意見がほとんどであった。

> 堅い地面の上を走っているうちに，馬は脚が発達しました。

写真を拡大して，ひづめを提示する。

> 馬の脚の先のひづめです。ひづめとは，人間で言うと，脚の爪のようなものです。
> 人間と比べて何が違いますか。

太い脚先だ，指がない，爪が太い，大きいなどの意見が出る。

> 大昔，今から5000万年ほど前の馬は，今よりももっと小さな体をしていました。脚も短かったのです。他の肉食動物に襲われると，逃げるしか自分の身を守る方法はありませんでした。
> 大地を走り続けているうちに，何世代もかけて，馬の脚やひづめが発達して，丈夫なものになっていったのです。

進化の様子を，アニメーションで示した。

（2）人間の体で発達したところはどこ？

> 人間はどこが発達したのでしょうか。いろいろあるでしょう

V　おもしろエピソードを語る発展学習

> から，たくさんノートに書きなさい。

脳，足，手など，いろいろと意見を出させる。
どうしてそう思ったのか，理由を聞くことも大切である。

> 今みんなが発表したものも，人間は発達してきました。
> でも，実は他にも発達したものがあるのです。
> それは，親指です。

子どもたちは意外そうな顔をしている。

> 親指は他の指と違うことがあります。それは何でしょうか。

太い，第2関節までしかない，手首の付け根から出ている，などの意見がでた。

> 親指だけ他の指とあいさつができるのです。

親指だけ，他の指と向かい合っていることを示す。

> 親指を使わないと複雑な動きはできません。例えば今，親指を全く使わないで，自分の名前をノートに書いてごらんなさい。

きっと上手に書けないはずである。親指が他の指と向かい合う性質があるので，複雑な動きができるのである。子どもたちは大盛り上がりである。「うわー！　ダメだ，書けない。」「力が入らない！」などと叫んでいた。

> 人間に近い，サルの仲間の手です。親指を比べてみて，どこが違いますか。

人間より短い，小さい，つぶれているみたい，など。

162

> 　人間とよく似た手を持つサルもいます。ワオキツネザルです。ところが，ものを持つときは，親指をほとんど使わずに持つそうです。
> 　親指を器用に使うのは人間だけなのです。

　サルの仲間には，人間の手とそっくりのつくりをしているものもいる。しかし，人間ほど器用に親指を使って何かをすることはないのである。

（3）進化について知る

> 　人間は初めから，親指を器用に使えていたわけではありません。
> 　道具を使うようになってだんだんと親指が発達したそうです。
> 　体が発達することを，進化と言います。

　簡単に，進化の説明をする。

> 　サルの仲間で別の進化をしたものがいます。アイアイは，手の形が別に進化しました。手を見て何か気付きませんか。

　アイアイは，特徴的な手の形をしている。長い指をもち，中指だけがとても細い。
　子どもたちから，中指が長い，指が細い，などの意見が出た。

> 　この長い中指。初めからこんなに細く，長くはなかったのです。あることに使っていたら，このような指になりました。何に使っていたのでしょう。
> 　予想してノートに書きなさい。

　進化の原因を考えさせる。いろいろと意見を出して，認めていく。
　答えは，硬い殻の実の中の果肉を食べるため，指で果肉を取り出すこ

Ⅴ　おもしろエピソードを語る発展学習

とを繰り返しているうちに進化した，である。

> 今度は，指の形を予想してもらいます。
> この手は「進化を考えるときの最大のなぞ」と言われたそうです。
> それくらい不思議な手の形なのです。
> アンワンティボというサルは，毛虫をよく食べます。毛虫を食べる前に，毛虫の体を両手で10〜20秒間マッサージします。
> このマッサージは，毛虫から毛をとるためにしているのです。
> マッサージを続けていたため，だんだんと手が変化してきました。どんな形になったのか，予想して手を描いてごらんなさい。

ノートに自由に手を描かせる。答えはスクリーンに映す。

子どもたちはみんな声をあげて驚く。

ひと指し指はほとんどなくなっており，太く短い突起のように見える。しかも，親指の付け根にも突起がある。ひと指し指がないので，親指と中指の間にスペースができる。ここに毛虫を両手で挟み込み，毛をとるためのマッサージを行うというわけである。マッサージの際，ひと指し指の突起と，親指の付け根の突起は，毛虫の毛をそげ落とすのに都合がよい。

> 生き物は今日勉強したように不思議がいっぱいです。しかも，まだわからないことがたくさんあります。将来，謎を解く人が現れたらすごいですね。今日の授業の感想をノートに書きましょう。

（中心参考文献：①『パンダの親指　進化論再考　上・下』スティーヴン・ジェイ・グールド著，ハヤカワ文庫　②『親指はなぜ太いのか　〜直立二足歩行の起原に迫る』島泰三著，中公新書）

2 ピュアウォーターの大切さを知る

　6年生の発展学習である。
　環境の学習で、人間と水との関わりを調べる学習がある。
　地域の水の環境調査を行い、その後で行った授業である。
　水資源の問題は、人間の存亡に関わるほど重大な問題である。
　日本に普通にある水が、実は当たり前ではないことを示し、水の大切さに気付かせたい。
　1つの授業を作るために、本を多く読み込む。授業化で使用した本は軽く50冊を超える。ホームページやニュースなども参考にしながら授業を考えた。最初に行ったのは2003年だが、その後何回か行うごとに少しずつ変化させてきた。新しい情報が入るからである。

1　ピュアウォーターの大切さを知る

（1）仮想水について知る

> 牛丼です。牛丼はどんな食材から作られていますか。

写真を提示する。玉ねぎ、米、牛肉、調味料などの意見が出た。

> 穀物1トン育てるのに水は1000倍の1000トン必要です。
> では、牛1トン育てるのに、どれくらいの水が必要でしょうか。
> 予想してノートに書きなさい。

ノートに書かせて,予想を聞いていく。

答えは,20万トンの水が必要なのである。動物は,穀物を食べて育つ上に,動物自体も水を飲むことが必要だからである。

> このように考えていくと,この牛丼たった1杯に,過去9トンもの水が使われたことになります。

食べ物をつくるためには,水が大量に必要となることを説明する。
いつも食べている給食も,過去にたくさんの水が使われたことを示す。

(2) 水が不足している国の大変さ

> 「水が足りない」と思っている人が世界には多くいるのです。こんなこと考えている人,このクラスにいますか。いませんね。なぜ水が足りないと思いますか。

砂漠に住んでいるから,たまたま雨が降らなくて水不足になったなどの意見が出た。

> 実は,世界には使える水が少ないのです。
> 1ℓのペットボトルが5本あります。これを地球にある全ての水の量とします。人が使える淡水はどれぐらいだと思いますか。

なんと小さじ1杯にも満たないのである。
世界の水はほとんど海水である。
さらに,淡水でも極地の氷などは利用が難しい。結局,人が使える淡水は,地球全体の水の量から言えば,ほんの少ししかないことになるのである。

> 世界には,「水が足りない」国が数多くあります。

> 何人くらいの人が困っているでしょうか。世界の人口を 65 億人として，考えてごらん。

13 億人を超える人たちが，水不足に悩んでいるのである。

> 日本の場合，飲む水はどのようにして手に入りますか。

ミネラルウォーターを買う，水道水，ただで水をくれるところもある。（名水百選などの意見が出た。）

> 水の不足している国では，水道がないところもあります。
> みんなだったらどうやって，水を確保しますか。

毎朝，何キロも離れた川や池に水を取りに行くのである。しかも，水を運ぶ仕事は，主に子どもや女性が行う。

> 川や湖があるとまだ水は確保しやすいのです。
> でも，高い山の上や，川がないところでは，どうやって水を確保しますか。

いろいろと考えさせる。子どもたちは悩むはずである。水を確保することは命に関わることであることを伝える。

人工降雨や，大きな網を広げて霧や雲から水分を抽出するというやり方などがあることを教える。

> もし，今，水がまったく使えなくなったら，どうなっちゃいますか。

給食が食べられなくなってしまう，食べ物をつくることができない，生きていけない，などの意見が出た。

> 水がないと人間は 1 週間で死んでしまうのです。他にも，工

> 業や農業が全てストップします。また，水をめぐって戦争が起きることもあります。

（3）日本が水不足の原因になる？

> 日本が世界の水問題の原因だという人たちがいます。
> なぜでしょうか。

ここで，自分たちが関係していることを伝える。子どもたちは非常に驚いていた。原因をいろいろと予想させる。

水を使いすぎる，水を平気で汚す，などの意見が出た。

> 日本は世界中から食べ物を買っています。その食べ物を育てる水は，日本以外の国なのです。ですから，日本は世界中の水を使っていると言ってもいいのです。
> 日本が1年で使っている水の量よりも，日本が輸入している食べ物で使った水の方が多いと言われています。しかも，日本の残飯量は世界一です。

日本も夏になると，水不足になることがある。また，年々降水量が減少している地域も日本にはある。水問題が他人事ではないことを示す。

> これから人口が増えたら，もっと水が不足していくと言われています。
> みんなができることが，何かありませんか。考えてノートに書きましょう。

子どもの感想から，水の多い日本が何とかすべきだという意見が生まれた。また，日本が水の多い国で，水を大量に使っていることや，水を汚していることに対して何とかしなければという意識が芽生えていた。

（4）水不足を解決するために

　授業の最後に，日本や世界の水資源の獲得への取り組みを紹介した。ろ過技術や，海水から真水をつくる技術，地球内部に眠っている水を求めて，地下を掘っている取り組みなどを示した。

　世界中で，水問題の解決に向けての取り組みが行われている。

　授業の最後は，自分でできることを考えさせるとともに，明るい話題で終わりたいと思う。

（中心参考文献：①『Water　世界水戦争』マルク・ド・ヴィリエ著，共同通信社　②『地球の水危機　～日本はどうする～』高橋裕編著，山海堂　③『水の不思議PART Ⅱ』松井健一著，日刊工業新聞社）

Ⅴ おもしろエピソードを語る発展学習

③ 最先端の科学を授業する「脳科学」の授業

1　発展学習として，人体の不思議を学ぶ

第6学年「A 生物とその環境（1）」の発展学習である。

単元の最初では，人や動物が生きていくためには何が必要かを考える。

その後で，はきだした空気と吸う空気の成分の違いや，でんぷんのだ液による変化，拍動数と脈拍数との関係などを調べ，さらに資料などから，呼吸，消化，血液循環などの体内の各器官のつくりとはたらきについて，とらえる。

その後の発展的な学習として，人体の不思議に触れ，生き物の体の仕組みに興味を持たせる授業を行った。

以下，脳科学の授業を紹介する。

「脳」の不思議さに，絵を見ることや実験によって気付かせる。人体について興味を持ち，映像や資料などの情報を活用して調べることで，学習した内容を深めることができる。

脳の仕組みは，科学的に説明すると難しい面もあるが，絵を用いながら説明することで，わかりやすく，なおかつ，学習内容を深めることができると考えた。また，脳の勉強を終えた子どもが，次は「心臓」「骨」「筋肉」はどうなっているのかなと，自分という身近な存在に対して，興味を持つことができると考えている。

授業の専門的な箇所については，法政大学文学部心理学科　吉村浩一

教授にご指導いただき、さらに「逆さめがね」（上下や左右が反対に見えるメガネ）をご提供いただいた。感謝申し上げる。

2　目からせまる脳科学

(1)「カメラ」と「目」, どっちがすごい？

> ハイスピードカメラ。
> 1秒を100万コマに分けて見ることができます。

ハイスピードカメラの映像を提示する。風船やシャボン玉が割れる様子をハイスピードカメラで撮影した映像を流した。

> 人間の目は、1秒間に何コマに分けて見ることができると思いますか。

「100コマ」である。100メートル走も、100分の1秒までしか測定しないのは、人間の目には、それ以上細かくなると、同時にしか見えないからである。

> デジタルカメラ。このカメラがものを撮るのにかかる時間は0.01秒です。
> 人間の目がものをとらえる時間は、これより速いと思いますか。

遅い。1秒間に目が動く回数は、最大5回。「0.2秒」はかかる。
たとえば読書時などでは、毎秒4回程度、眼を動かしながら文章を読んでいることが知られている。

> どんどん機械が進歩しています。
> 人間の目と、高性能のカメラと、「見ること」で言えばどっちが勝ってますか。

V おもしろエピソードを語る発展学習

　『絵を記録する』のは，カメラが優っている。では，人間の目にしかできないことはないのだろうか。

（2）カメラにできなくて人間の目にはできることは何か？

> 　人間にしかできないことはないのでしょうか。ちょっと絵を実際に見てもらいましょう。何が見えますか。

　黒い点がたくさんある絵を見せる。黒い点の中に，実は犬のダルメシアンが隠れている。

> 　実は，犬が隠れています。
> 　もう一度見てみましょう。見えた人。

　時間をかけると，見えてくる。「見えた，見えた。」「ここにいます。」という声が聞こえた。
　念のために，余計な背景をとった図を提示する。

> 　見るだけなら，点にしか見えません。
> 　ですが，犬をイメージすると，脳が犬の映像を見せるのです。脳が目を補っているのです。これは，カメラにはできないことです。

　どんなやんちゃな子も，スクリーンにくぎ付けであった。

（3）脳は目を補う（脳の認識の仕方を学ぶ）

> 　見えていないのに，脳が見せる映像。
> 　他にどんなのがあるのでしょうか。実験してみましょう。

実験①盲点の実験：盲点は，色を脳が補うために起こる。もしも背景の
　　　　　　　　　色が赤なら，赤色で補う。

実験②遠近の錯覚：同じ大きさなのに，片方は大きく見えて，片方は小さく見える。
実験③動きの錯覚：動いていないのに，脳が動いていると判断して，動きを映像として見せる。

> **錯覚はなぜ必要なのですか。**

脳が目を補うための錯覚があるおかげで，目の能力以上のことができるというわけである。

（4）脳をだますとどうなるか？

> **脳があるおかげで，目の能力以上に，ものがよく見えるのです。人は，「脳」で見ているのです。**

人間の脳を，もしもヘビやカエルの脳と入れ替えると，全然違った世界が見えるそうである。

> **じゃあ逆に，脳をだましたらどうなるのか。実験してみましょう。**

実験④：逆さめがねで見るとどうなるのか。実験する。
「直立歩行」だけでも，最初はうまく動けない。
しかし，だんだんと慣れてくる。そして，慣れてきた頃にはずすと，またうまく動けなくなる。

> **脳は，それが本当の世界だと思って，しばらくすると慣れてしまうのです。**

逆さめがねを使った実験で，実際に脳をだます体験ができる。

> **人間の脳は，いろいろなことに対応してくれるすばらしいも**

> のです。人間は脳で見ています。だから,カメラがどんなにすぐれていても,人間は脳の働きがあるので,カメラにはできないことができるのです。

　京都の天竜寺の天井に描かれた竜の絵を提示する。どこから見ても,目が自分の方を向いて見える。「八方睨み龍」と呼ばれる錯覚を利用した絵である。子どもたちから,すごい,本当にずっとこちらを見ているようだ,という声が上がった。

> 　人間の脳の働きを利用した絵があります。これは,京都のお寺の絵です。今日の授業で不思議に思ったことを,これから調べていきましょう。

(中心参考文献:①『逆さめがねの左右学』吉村浩一著,ナカニシヤ出版
②『ビジュアル版 脳と心の地形図(1),(2)』リタ・カーター著,原書房)

4 環境問題を授業する「ネットワーク思考」の授業

1 ねらい「生き物は互いに関わりながら生きていることを知る」

　環境は，生物同士のつながりがあってこそ維持される。互いに関係のないように見える生物同士が実は重要なつながりをもっていて，生態系が変化すると，連鎖反応のように環境が変わってしまうことがある。

　小学校ではＡ「生物とその環境」において，『生物は，食べ物，水及び空気を通して周囲の環境とかかわって生きていること』を学習する。

　小学校で生物同士のつながりについて学ぶのは，①食べる側（消費者），食べられる側（生産者）の関係と，②食物連鎖の概念（ただし調べ学習）だけである。

　これだけでは，生物同士のかかわりや，植物と動物，微生物などのはたらきが十分理解できず，環境問題などの学習も深まらない。

　環境について理解させるためには，直接つながっている生物と生物の関係だけではなく，いくつかの生物を通してつながっているという関係（ネットワーク思考）を学習する必要がある。

　生物同士のネットワークがあるからこそ，自然環境はある程度の負担には耐える力を持っている。しかし，人間の活動によって，負担が臨界点を超えてしまうと，もとには戻らない。

　例えば，温暖化現象で気温が２℃上がるだけで，植物の生態分布が

300kmも変わってしまうと言われている。2007年2月のIPCC報告書では、このままいくと21世紀末までに平均気温が最大で6.4℃上昇するとの予測が出された。

環境教育では、当事者意識が大切であると言われている。生物同士のつながりについて知ることは、一人ひとりの行動が、実は生物のネットワークに影響を与えていることへの理解へとつながっていく。

このように、「生物が周囲の環境とかかわって生きていること」を教えるためには、生物同士のネットワークが環境を維持しているという、地球規模の大きな視点で学習することが必要であると考える。

単元計画を進める上では、次の2つに気をつけて学習を進めていく。

> ① 道徳的に学習を進めるのではなく、定量的に教えるようにする。
> ② 小さな部分を示すだけでなく、地球規模の大きなスケールで環境をとらえさせる。

2 単元の計画

第1時 「環境サイクルについて知る」
・草食動物と肉食動物のかかわりについて知り、植物、草食動物、肉食動物、分解者によって環境サイクルが成り立っていることを知る。

第2時 「ネットワーク思考について知る」（本時）
・**食物連鎖以外の一見関係がないように見える生物同士が実はネットワークでつながっていることに事例を通して気付かせ、環境とはネットワークであることを理解させる。**

第3時 「地球の歴史・生命の連続性について知る」
・地球上で、今までに何度も生物大量絶滅を経験してきたことを知り、環境に適応するため、子の命が親とは少し変化しながらつな

がっていることを知る。
第4時 「環境を維持するためのシステムについて知る」
・環境はある程度の変化には耐えられるが，臨界点を超えると，その変化は多岐に及ぶことを知り，環境変化のサイクルを止めるにはどうすればいいのかを学ぶ。

3　本時の展開（調べ学習にいたるまで）

（1）絶滅危惧種について知る

> 　今からある動物が映ります。これらの動物に共通することがわかったら手を挙げましょう。

絶滅危惧種の動物を次々と映す。
「めずらしい動物」「あまりたくさんいない動物」などの意見が出た。

> 　絶滅しそうな生き物です。世界で約15000種います。では，どうしてこんなにたくさん絶滅しそうになっているのでしょうか，理由をノートに書きなさい。

「環境が破壊された」，「ハンターが捕まえた」などの意見が出た。

> 　これから絶滅の原因を考えていきましょう。

（2）生物同士が「直接」つながっているネットワークを知る

> 　ヒトデです。ヒトデはムラサキガイが大好物です。
> 　ヒトデがいるところでは，ムラサキガイは，食べられてしまうので少なくなってしまいます。

映像で確認する。

> では，もしヒトデが全部いなくなったら，ムラサキガイはどうなると思いますか？

「増える」という意見が出る。

> これを実験で確かめた人がいるのです。ヒトデがいなくなると，ムラサキガイが一気に増えました。

ロバート・ペインの実験である。ワシントン州の外洋に面した沿岸部のマッカウ湾などで，ヒトデを手で取り除くという実験を行っている。

その結果，ヒトデのエサである種の数が増えたのである。

生物同士の関係をネットワークの図で示す。「ムラサキガイ――ヒトデ」という直接結びついたネットワークを理解させる。

（3）生物同士が直接つながっていないネットワーク構造を知る

> アリオンシジミと言います。イギリスの生きた宝石と言われている美しいチョウです。幼虫のときアリの巣でアリと一緒に暮らすという変わった生活をします。このチョウは，自然保護区で生きていました。
> ところが，絶滅してしまったのです。

自然が豊かな状況で絶滅してしまったことを示す。

> 絶滅ということは，1匹もいなくなってしまったのです。
> なぜ，チョウは絶滅したのでしょう。予想してノートに書いてみなさい。

人間が環境を破壊したから，人間が乱獲したから，などの意見が出る。

> 原因はウサギでした。ウサギが病気によってほとんど死んで

> んでしまったので，チョウがいなくなってしまったのです。

　最初と違い，関係なさそうな生物同士が実はつながっている事実を示す。「なぜ，ウサギが？」と不思議そうな顔をしている。

> ウサギが死ぬと，なぜチョウがいなくなるのですか。

　これは難しい。いろいろと考えが出る。どんな意見でも認めていく。

> ウサギはチョウを食べません。チョウもウサギを食べません。直接つながってはいないのです。

　直接つながっていないことを強調する。

> 　ところが別の生物を通してつながっていたのです。
> 　アリオンシジミの幼虫は，アリの巣で1年間成長し，大きくなるという不思議な生活をします。アリによって守られているのです。
> 　まず，最初に病気のため，ウサギがいなくなりました。
> 　すると，ウサギが食べていた「草」が伸び始めます。
> 　背の高い草があると「アリ」が住めなくなります。チョウの幼虫はアリによって守られていました。アリがいなくなると，チョウもいなくなるのです。

　これまでの科学では，ウサギとチョウは生きていく上でほとんど関係がないとされていた。しかし，実は他の生物を介してつながっているのである。

> 　「ウサギ」ー「草」ー「アリ」ー「チョウ」というつながりです。
> 　ウサギとチョウの間に，生物はいくついますか。

すぐにわかる。「2つ」である。

> ウサギとチョウは，間にいる2つの生き物でつながっているのです。直接結びついていなくても，一方の生物が影響を受けると，もう一方の生物も影響を受けます。

（4）生物同士のネットワークの隔たりは，たった2～3しかない

> 環境には，昆虫や，ウサギ，鳥などの動物。細菌や植物など，生物がたくさんいます。
> ある農地で，関係のなさそうな2つの生き物がどれくらいでつながるかを調べました。

つながるというのは，一方が変化すると，他方も変化するという関係を持つかどうかということである。

> 同じ地域にいる生物たち。間にいくつくらいの生物が入ればつながると思いますか？

最初の一人に指名して，それよりも多いか少ないかを聞く。

> なんと平均値は2か，3でした。農地では，どんな2種類の生物でも，間に2，3種類の生物を入れるとつながっていたのです。

昆虫やウサギ，鳥，細菌，植物などの生物を映像で示す。

> 今度は，もっと広い場所で考えてみます。どれくらい広いかと言うと世界全部です。
> 世界中の生物。全部で3000万種います。すごく離れたところに住んでいる生物と生物を結びつけるためには，間にいくつ

> くらいの生物が必要だと思いますか。

アメリカの鯨と，アフリカの象というように，例示を入れる。
多くの学者が，10以下と考えていることを説明する。

> 1つの生物が何らかの影響を受けるということは，世界中のほとんど全ての生物に影響があることがわかったのです。

（5）環境とはネットワークだということを知る

> さて，1万年前は100年に1種の生物が絶滅していました。
> 千年前は，10年に1種が絶滅。
> 100年前は，1年に1種。そして，今は…，100年前を上回るスピードで生物が絶滅していると言われています。

驚きの声が上がる。

> これは，何が原因ですか。

生物の絶滅がネットワークで他の生物にも影響を与えている。

> 環境を破壊してしまったことで，生物が減ります。1つの生物に影響が出ると，他の生物にも連鎖的に影響が出ているということなのです。どう防ぐかが課題なのです。これから，授業で調べていきましょう。

（中心参考文献：①『複雑な世界，単純な法則』マーク・ブキャナン著，草思社　②『持続不可能性』サイモン・レヴィン著，文一総合出版）

あとがき

　理科の授業は楽しいものである。
　理科にはたくさんの不思議があるし，最先端の科学など，おもしろエピソードを語ることができる。
　学校で有名なやんちゃな子を担任したときも，荒れたクラスを持ったときも，理科の不思議を語ると，神妙な顔つきで聞いてくれた。
　実験することそのものも楽しい。
　しかし，子どもが気づかないことを気づかせていくと，知的な授業になる。
　「密閉したビンの中で，ろうそくを燃やした。ろうそくの火が消えた後，ビンの中に酸素はあるか？」という問題でも，子どもの意見は見事に分かれる。
　空気中の酸素濃度が少し減っただけで，ろうそくの火が消えるという事実に子どもは驚く。
　あっと驚く事実を示すためには，子どもが常識と思っていることと逆のことを授業化すればよい。
　そのためには，授業のネタを探さなくてはならないし，授業の方法も知らなくてはならない。
　また，不思議なことを見つけ，自分で本当にわかるまで追究することも理科のおもしろさである。
　自分で実験をして確かめたり，友達と討論をしたりしながら，結論を考え出していくことが楽しいと思えるようになれば，大変すばらしいことである。
　子どもが理科に興味を持つようになり，自分で考え，調べ，腹の底から納得することができれば，理科の醍醐味に触れることができる。
　基礎学力を身に付ける指導も大切である。

ノート指導や，実験までの準備の指導など，基本的なことはきちんと教師が教えなくてはならないと思う。

　文章や図・表，観察物や実験などから，気づいたことをいろいろな面から出させる指導や，結果から結論を導く方法，討論の方法など，教師は指導のやり方を知る必要がある。

　授業のネタを準備し，授業のやり方を工夫していくことが，ＰＩＳＡ型読解力など，理科の力を育てることにつながると考えている。

　国際調査が行われるたびに，理科離れの現状が声高に語られてきた。

　理科は，本来楽しい教科であると思う。

　本書が，理科好きの子どもを育てるために，少しでもお役に立てば，この上ない喜びである。

　本書を書き上げるまでに，多くの方からご協力と励ましをいただいた。

　岡山大学教育学部の草地功教授には，学生時代から今まで，理科の研究とは何か，理科教育とは何か，根本からご指導をいただいた。

　岡山理科大学の野瀬重人教授には，理科教育の最先端の取り組みに関わる資料を，多数ご提供いただいた。

　岡山で共に学ぶサークルの皆様には，日頃から実践を交流させていただき，厳しい意見とご指導をいただいた。

　最後に，教育出版編集部の平林公一氏には，本書刊行の機会を与えていただき，また，構成や表現など細部にわたってご指導をいただいた。

　記して感謝申し上げます。

　桜が満開の学校から瀬戸内海の島々を展望しつつ

　２００７年４月

　　　　　　　　　　　　　　　　　　　　　　　　大前　暁政

著者紹介

大前暁政（おおまえ　あきまさ）
1977年　　岡山県生まれ。
2002年3月　岡山大学大学院教育学研究科　理科教育専攻修了。
2010年現在　岡山市立城東台小学校勤務。
「どの子も可能性をもっており、その可能性を引き出し伸ばすことが教師の仕事」ととらえ、今までの教育を修正・改善し新しい教育を生み出そうと奮闘中。日本初等理科教育研究会会員。理科の授業研究が認められソニー科学教育プログラムに入賞。
「楽しい理科授業」「授業研究21」（明治図書出版）、「体育科教育」（大修館書店）、「初等理科教育」（農文協）などの雑誌に論文を執筆。
主な著書に、『なぜクラスじゅうが理科を好きなのか』（教育出版）、『若い教師の成功術』（学陽書房）、『20代でプロの教師になれる』（学事出版）、『必ず成功する！ 学習発表会の指導マニュアル』（学陽書房）、『必ず成功する！ 学芸会の指導マニュアル』（編著、学陽書房）、『"算数が出来ない子100人"を出来るようにした教師の物語　高学年編』（共著、明治図書）、『クイズでおじゃる　目指せ小学校クイズ王』（執筆協力、ＮＨＫ出版）など多数。

〈連絡先〉
http://www.nexyzbb.ne.jp/~omae/index3.htm（ホームページ）
omae@nexyzbb.ne.jp（メール）

理科の授業が楽しくなる本

2007年7月19日　初版第1刷発行
2010年2月13日　初版第2刷発行

著　者　　大 前 暁 政
発行者　　小 林 一 光
発行所　　教育出版株式会社
　　　　　〒101-0051　東京都千代田区神田神保町2-10
　　　　　TEL 03-3238-6965　　FAX 03-3238-6999
　　　　　URL　http://www.kyoiku-shuppan.co.jp/

©OMAE. Akimasa 2007　　　　　　　DTP　心　容　社
Printed in Japan　　　　　　　　　　印刷　モリモト印刷
落丁本・乱丁本はお取替えいたします　製本　上 島 製 本

ISBN978-4-316-80226-8 C-3037